우리 동네가 실험실이 된다면?

: 리빙랩과 사회적 혁신

우리 동네가 실험실이 된다면?

리빙랩과 사회적 혁신　　　　　　　　　신상범, 조계원 지음

정치연구총서 02

● REC

00:00:00　　　　　　　　　　　　　　　　　HD

버니온더문

　이 책은 리빙랩(Living Lab)이라는 하나의 혁신 메커니즘을 소개하는 것을 목적으로 한다. 리빙랩이란 일반 시민(지역의 주민), 정부, 대학, 기업, 전문가 등 다양한 행위자들이 협력해서 그들이 사는 지역에서 발견되는 특정한 문제를 해결하기 위해 혁신적 아이디어나 기술, 혹은 상품 등을 개발하는 다양한 실험을 진행하고 시제품을 제작하는 등의 활동을 말한다. 이 활동은 기존의 혁신 방식과는 다르다. 과거 혁신은 뛰어난 전문성과 능력을 갖춘 개인들의 연구실이나 실험실에서 진행되었지만, 현재의 혁신은 우리가 살고 있는 지역의 구체적인 문제에서 출발해 그 문제와 관련이 있는 다양한 사람들의 협업에 의해 사회적인 방식으로 수행된다. 이러한 혁신을 '개방형(open) 혁신'이라고도 부른다. 즉 리빙랩은 전문가가 아니라도 일반 사람이 자신이 원하는 혁신을 위한 도전을 할 수 있는 유연한 파트너십을 특징으로 하고 있으며, 우리가 살고 있는 장소가 곧 실험실이 된다.

리빙랩 활동은 어디에서든 가능하지만, 유럽에서는 주로 도시의 문제를 해결하기 위해 리빙랩 방식이 사용되어 왔기 때문에 이를 '도시 리빙랩'(urban living lab)이라고 부르기도 한다. 오늘날 전 세계 수많은 도시에서 다양한 문제를 해결하기 위한 다양한 실험이 전개되고 있다. 이들이 도전하는 문제는 갈수록 늘어나는 플라스틱 폐기물 증가를 막고 이를 적절히 처리해야 하는 글로벌 차원의 보편적인 문제도 있고, 동네의 주차난을 해결해서 동네 상권을 활성화하는 방안을 모색하는 지역 차원의 특수한 문제도 있다. 리빙랩 활동의 측면에서 보면 도시는 계획의 대상이 아니라 실험과 창조의 대상이다. 과거 도시는 정부에 의해 하향식으로 기획되고 설계되었으나 이러한 도시는 팬데믹이나 기후변화 등 글로벌 차원의 위기에 적절히 그리고 유연하게 대응할 수 있는 능력에 있어서 한계를 보인다. 이제 도시는 점차 문제해결능력과 회복탄력성(resilience)을 갖춘 변화하고 적응하는 생물체가 되어가고 있으며, 리빙랩은 이 과정에서 큰 역할을 하고 있다.

글로벌 차원에서 본다면 이러한 리빙랩 활동은 분산화된 현상이다. 즉 국제기구나 선진국이 중심을 잡고 국가들이 협력해서 체계적으로 문제를 처리해 나가는 것이 아니라, 전 세계의 로컬에서 각자의 방식대로 자율적이고 창의적으로 문제에 접근해서 해결책을 모색하는 것이다. 물론 분산화된 방식이 언제나 바람직한 것은 아니다. 그러나 분산화된 방식이 추진되고 더욱 부각되는 이유는 국제기구나 주요 선진국들이 문제해결과정을 효과적으로 주도하고 있지 못하기 때문이라는 점이 중요하다. 기후변화 문제에 대응하기 위한 국제기구인 유엔기후변화기본협약(United Nations Framework Conference on Climate Change, UNFCCC)은 당사국 총회를 27년째 하고 있지만, 여전히 이렇다 할 성과를 보여주지 못하고 있다. 교토의정서는 실패했으며 그 뒤를 이은 파리협정은 협약이라기보다는 각자 알아서 해보자는 방식으로의 전환에 불과하다. 최근 몇 년 동안 전세계가 겪었던 팬데믹은 이보다 더 확실한 예다. 이 문제를 주로 담당해온 국제기구인 세계보건기구(World Health Organization, WHO)는 별다른 역할을 하지 못했고, 모든 나라는 문을 걸어 잠그고 서로를 비난했으며, 글로벌 백신불평등이 심화되어도 주요 선진국들은 이 문제를 해결하지 못하고 있다. 결국 글로벌 문제를 로컬의 조건에 맞게 해결하는 글로컬 방식의 문제해결은 과거에는 하나의 이상적이고 바람직한 방식으로 여겨졌지만, 이제는 다른 대안이 없기 때문에 싫든, 좋든 추진해야 할 (조금 과장하자면) 유일한 방안이 되었다.

다행히도 리빙랩 활동을 통한 글로컬 방식의 문제해결은 많은 성과를 보여주고 있다. 특히 유럽에서는 유럽연합 차원의 순환경제체제로의 이행, 그리고 탄소중립 전략의 이행 과정에서 리빙랩이 큰 역할을 하고 있다. 순환경제(circular economy)란 원료를 사용해서 상품을 생산하고 그것을 사용하고 폐기하는 기존의 선형경제(linear economy)와는 달리 상품의 생산 및 소비 이후 그것을 재사용하거나 재활용해서 상품생명주기를 최대한 늘려 원료의 사용과 폐기물의 발생을 최소화하는 체제이다. 탄소중립(carbon neutrality)이란 이산화탄소 발생량과 흡수량 간의 균형을 맞추는 것이다. 즉 이산화탄소 발생의 절대량을 0으로 만드는 것이 아니라 발생량을 줄이든지, 흡수량을 늘리든지 해서 총합을 0으로 만들자는 것이다. 유럽의 많은 도시에서는 순환경제와 탄소중립의 구체적인 실천 방안을 로컬에서의 실험과 아이디어 창출, 그리고 기술개발을 통해 마련하고 있다.

한국에서도 2010년대 초반에 리빙랩이 소개된 이후 전국에서 많은 리빙랩 사례가 생겨났고, 빠른 시간 내에 많은 활동과 성과가 축적되었다. 한국은 아마도 비서구권 국가 중에서 리빙랩 활동을 가장 활발하게 하는 국가일 것이다. 일단 동아시아 내에서만 볼 때 한국과 같이 리빙랩이 활성화된 나라는 대만 정도뿐이다. 한국의 리빙랩은 주로 중앙정부가 주도하는 각종 경진대회 방식으로 진행되어 왔기 때문에 비교적 단기간에 급속도로 확산될 수 있었다. 한국의 중앙집중식, 그리고 정부 주도형 리빙랩은 약 10년 동안에 많은 성과를 거두었는데, 전형적인 상향식(bottom up)인 유럽식과 비교하면 장점과 단점이 있다. 이 책에서는 유럽 도시들의 리빙랩과 한국의 리빙랩을 소개하고 비교할 것이다. 한국의 리빙랩 참여자들은 대체로 유럽의 리빙랩을 일종의 준거점으로 생각하고 있지만, 이와 동시에 이의 한국적 변형과 발전 역시 모색하고 있다.

리빙랩 활동은 지역의 주민들이 스스로 문제 제기를 하면서 시작되는 것이 가장 이상적일 것이다. 그러나 현실에서, 특히 한국에서 이런 경우는 많지 않다. 주민들은 문제가 있을 때 스스로 해결해 보려고 하기보다는 일단 기존의 관행대로 해당 지자체에 민원을 제기하거나 시위 등 다양한 방식으로 문제해결을 시도한다. 또한 주민들은 대부분 리빙랩과 같은 사회적인 문제해결방법에 대한 지식이나 정보가 없으며, 만약 리빙랩 방식으로 문제를 해결하려고 해도 도움을 받아 협업을 할 전문가 등 다양한 행위자들과 만날 기회를 가지기 힘들다. 그리고 주민들은 기후변화와 같은 글로벌 문제와 내가 사는 동네의 재해와 재난이 연결되어 있음을 이해하지 못하는 경우가 많다. 즉 문제를 체계적으로 이해할 기회를 가지기 힘들다.

대학이 주도하는 리빙랩은 이러한 약점을 보완해줄 수 있다. 만약 대학 수업에서 학생들이 대학이 소재한 지역을 기반으로 리빙랩 활동을 수행한다면 대학생들은 주민들과 함께 문제를 찾고 그 대안을 모색하고 실험을 설계할 것이다. 문제를 찾는 것은 훈련이 필요하며, 이 훈련 자체가 수업의 중요한 교육이다. 학생들은 먼저 지역의 주민과 전문가들의 도움을 받아 지역에 대한 기본적인 정보와 자료를 수집한다. 또한 기후변화나 금융위기, 전쟁과 난민, 팬데믹 등 글로벌 문제들을 체계적으로 이해하고, 이러한 문제가 지역에서 구체적으로 어떻게 나타나는지를 탐구한다. 이 과정을 통해 학생들은 훌륭한 문제발견자(problem finder)가 된다. 또한 학생들은 새로운 문제를 찾는 것뿐 아니라 문제에 대한 기존 해결책을 검토하고 더 혁신적인 해결책이 있는지를 모색한다. 학생들이 이렇게 수업에서 지역의 문제를 찾고 해결책을 모색하는 과정에서 문제해결능력과 창의력을 향상시킬 수 있고, 더 나아가 혁신적인 아이디어에 기반을 둔 솔루션을 제안하고 이를 특허 출원이나 창업의 기회로 연결할 수도 있다.

　이 책은 리빙랩의 개념과 역사, 국내외 현황, 중요성과 함의 등을 소개하고, 특히 대학 수업에서의 리빙랩 활동 사례를 통해 대학 수업 기반 리빙랩의 중요성을 강조한다. 대학 수업 리빙랩 사례는 필자 중 한 명이 직접 진행해온 수업 리빙랩 활동으로, 학생들은 전공 수업에서 조별 활동으로 지역 문제를 찾고 이에 대한 솔루션을 테스트하는 리빙랩 실험을 기획한다. 수업이 끝난 후 학생들은 수업에서 설계했던 리빙랩 실험계획을 가지고, 지역에서 진행하는 〈지역문제해결플랫폼〉이라는 리빙랩 대회에 출전한다. 학생들의 아이디어는 대회에서의 경쟁을 통해 의제로 선정되고, 대회의 지원을 받아 일정 기간 실제 실험을 진행하게 된다. 만약 대회에서 의제로 선정되지 않을 경우, 대학에서 창업동아리로 등록되어 대학의 지원을 받아 리빙랩 실험을 할 수 있는 기회가 제공된다. 학생들은 지구환경정치, 국제개발협력 등과 같은 국제정치학 전공수업에서 리빙랩 활동을 경험함으로써 글로컬 방식의 문제해결 메커니즘을 이해하고 로컬과 로컬의 협력 가능성을 탐구하게 되며, 세계 시민으로서의 권리와 의무를 생각해보게 된다.

　리빙랩 활동이 성공하기 위해서는 여러 조건이 필요하다. 이 조건들에 대해서는 다음 장에서 상세히 설명할 것이다. 그런데 가장 중요한 근본적인 요인을 하나만 꼽으라면, 우리 필자들은 지역에 대한 관심과 지역의 문제에 대한 공감이라고 생각한다. 내가 살고 있는 지역에서 어떤 사람들이 어떤 문제로 인해 불편을 겪고 고통

받고 있는지를 파악하려는 의지와 동기가 없다면, 리빙랩 활동은 별 의미가 없거나 억지로 하는 활동이 되기 쉬울 것이다. 즉 관심과 공감은 문제발견자로서의 역량에 영향을 미친다. 그러나 사람들은 각자 공감 능력에서 차이를 보인다. 우리의 경험상 리빙랩 수업에서 대체로 활동을 리드하는 학생들은 문제를 이해하고 접근하는 데 있어서 매우 적극적이다. 그러나 우리가 더욱 중요하게 보았던 것은 이 활동을 통해 학생들의 지역에 대한 관심, 그리고 타인의 문제에 대한 공감 능력이 향상된다는 점이다. 이러한 능력이 민주시민의 중요한 역량 중 하나임을 생각해본다면 리빙랩 활동은 민주주의와 정치발전과도 밀접한 연관이 있다.

오늘날 극단적으로 양극화된 한국 정치의 양상은 민주주의가 과연 필요한가 하는 생각까지도 들게 한다. 정치엘리트들은 상대를 혐오하기만 하면 쉽게 표를 얻을 수 있는 정치환경을 만들었고, 상대를 혐오하면서도 서로 공존하면서 결국 소수의 권력자들만이 혜택을 보고, 투표에 참여했던 다수는 어느 쪽에 투표했는지에 상관없이 모두 정치과정에서 배제되는 기이한 체제가 생겨났다. 그리고 시민들이 이러한 체제에 대한 문제의식을 가지고 스스로 이 체제를 해체하지 않는 한, 이 체제는 매우 오랫동안 존속될 것으로 보인다. 혐오와 편견, 상대적 박탈감, 우월의식, 맹목적 충성심, 그리고 정치적 무관심 등은 정치의 질을 저하시키고 소수 권력자들이 사회를 유린하도록 허용한다. 우리는 지난 몇 년 동안 지역에서 리빙랩 활동을 해오면서 리빙랩 활동이 이 무능하고 질 낮은 정치를 대체할 수 있지 않을까 하는 고민을 많이 했다.

우리는 리빙랩이 기존의 정치과정을 대체할 수는 없지만, 시민을 각성시키고 시민의 능력과 자질을 향상시키는 데 기여할 수 있다고 믿는다. 현실의 저질 정치를 극복하기 위한 느리지만 가장 확실한 방법은 아마도 시민들의 각성일 것이다. 흔히 말하는 깨어 있는 시민은 권력자들이 조장해내는 편견과 허위의식에 휘둘리지 않는 비판적 사고 능력과 공동체에 대한 책임의식을 가진다. 리빙랩은 시민의 각성이 비판적 사고 능력 및 공동체에 대한 책임의식과 더불어 스스로 문제를 해결하고 가치를 창출할 수 있는 능력을 갖춤으로써 완성되고 더욱 강화될 수 있다는 점을 시사해준다. 물론 이것은 우리의 낙관이나 희망에 불과할 수도 있다. 그러나 시민의 각성이 반드시 정의에 대한 신념과 대의를 위한 개인의 희생에만 의존할 필요는 없을 것이다.

1장에서는 리빙랩을 정의하고 리빙랩을 이해하기 위한 핵심 개념들을 소개한다. 또한 리빙랩 활동을 각 단계별로 설명하고, 각 단계에서 주민이 구체적으로 어떻게 참여하고 다른 행위자들과 협력하는지를 보여준다. 2장에서는 유럽 도시들의 리빙랩을 소개하고 그 특징을 분석한다. 또한 이들의 활동이 유럽 리빙랩 네트워크를 통해 유럽 전체의 사회운동으로 발전된 현황을 설명한다. 3장에서는 한국의 리빙랩을 소개한다. 한국의 리빙랩 활동은 유럽과 비교해 어떤 특징이 있으며, 어떤 과정으로 진행되었는지를 사례들을 통해 설명한다. 4장에서는 필자 중 한 명이 진행해온 대학 수업 기반 리빙랩 활동을 소개하고, 이 활동에 영향을 미치는 대학 내외의 여러 조건에 대해 논의한다.

2023년 7월
신상범, 조계원

CONTENTS

1장
리빙랩이란?

2장
유럽의 리빙랩

3장
한국의 리빙랩

4장
대학 수업 기반 리빙랩 활동

정치연구총서 02

1장
리빙랩이란?

리빙랩의 핵심 특징

리빙랩은 앞서 말한 바와 같이 기본적으로 하나의 새로운 혁신 방식을 말한다. 그러나 어떤 경우 사람들은 리빙랩을 지역의 주민들이 스스로 문제를 찾고, 그것을 해결하기 위한 실험을 하고, 그 실험을 통해 시제품을 만들어내는 구체적인 활동으로 정의하기도 한다. 그리고 또 어떤 사람들은 리빙랩을 하나의 사회운동으로 접근하기도 한다. 그리고 이와 동시에 리빙랩은 하나의 정치적 현상이자 새로운 정치참여 방식이기도 하다. 이와 같이 사람들은 리빙랩을 각자 다른 시각에서 해석하는데, 그 다양한 해석에 상관없이 리빙랩은 최소한 다음 네 가지의 특징을 가지고 있다.

첫째는 사용자 주도 혁신(user-driven innovation)이라는 점이다. 사실 우리는 전반적으로 공급자가 주도하는 사회에 살고 있다. 보통 우리가 도시를 설계하거나 도시 내에서 특정 지역에 타운을 건설할 때, 거기서 살 사람들이 참여하는 경우는 거의 없을 것이다. 최근에 전 세계 곳곳에서 시도되고 있는 스마트시티의 경우 종종 주민이 직접 참여해서 도시를 설계하는 모습을 볼 수 있지만, 아직은 이런 경우가 많지는 않고, 특히 한국의 스마트시티에서는 볼 수 없는 현상이다. 사실 도시 전체는커녕 우리가 사는 동네의 아주 작은 변화도 사용자인 주민이 주도하는 경우는 찾아보기 어렵다. 이렇게 혁신의 혜택을 받을 사용자인 주민이 혁신을 주도하지 않을 경우, 그 혁신은 사용자가 원하지 않는 혁신일 가능성이 크다. 이는 마치 사용자인 우리가 원치 않는데도 공급자인 기업이 '너무 자주' 업그레이드하는 휴대폰과 컴퓨터를 '주기적으로' 사야 하는 현상과 같다.

최근 수도권의 한 도시에서는 재건축이 시행되면서 재건축을 진행한 조합 및 건축사가 아파트 단지와 바로 인접해 있는 주택가를 위해 주차 건물을 지어 시에 기부채납했다. 공사로 인한 분진 발생 및 혼잡, 그리고 일조권 침해 등 주택가 주민들이 제기한 문제에 대한 보상 차원이었다. 그런데 이렇게 조성된 주차 건물은 완공된 후 2년 7개월 동안 폐쇄되어 있었다. 그 이유는 차량이 드나드는 주차 건물의 입구가 동네의 고등학교 정문 앞 공간이어서 학교 측이 학생들의 안전을 문제 삼았기 때문이다. 학교와 학부모는 입구를 동네 쪽으로 변경해달라고 요청했지만, 이번에는 동네 주민들이 이를 반대했다. 결국 최근 시에서는 타협책을 제시했다. 현재 입구를 그대로 사용하되 학생들이 등교하는 시간에는 출입을 금지하고, 방지

턱이나 램프 등 안전시설을 보강한 후 개장한다는 것이다. 주민들은 사실상 출근시간에 차량을 뺄 수 없기 때문에 비현실적인 타협책이라고 생각했지만, 당장 심한 주차난을 해결한다는 의미에서 이에 동의했다. 만약 이러한 결정이 내려지기 전에 동네의 모든 이해관계자들이 이 문제를 논의했다면 어땠을까? 더 나아가서 구체적으로 어디에 어떻게 주차 건물을 지어서 주차 문제를 해결할 것인지를 함께 고민하고 해결책을 찾는 기회를 가졌다면 어땠을까? 적어도 3년이 넘도록 다 지어진 주차장을 방치하는 일은 없었을 것이다.

둘째는 혁신이 주민 참여에 의해 함께 만들어가는(co-creation) 과정이라는 것이다. 리빙랩은 공급자가 아닌 사용자가 주도하는 혁신이지만, 그렇다고 해서 사용자인 주민만이 모든 과정을 수행하는 것이 아니라 다른 행위자들과의 협력에 의해 혁신이 이루어진다. 보통 리빙랩은 주민뿐 아니라 중앙 및 지방정부, 지역에 소재한 지식 및 기술공급기관(주로 대학이나 연구소), 옹호집단(advocacy group)이나 활동가들, 그리고 공기업 혹은 사기업 등이 참여해서 협력을 통해 진행된다. 이 과정에서 중요한 것은 주민들이 구체적으로 어떤 역할을 하느냐이다. 주민들이 단순히 지역 문제에 대한 정보를 제공해주는 전달자 역할을 하는 경우도 있다. 또한 제작된 시제품 혹은 제시된 솔루션이 과연 적절한지를 평가하는 역할만을 하기도 한다. 반면 주민들이 문제를 제기하고 이를 해결하기 위한 실험 진행을 주도하는 등 리빙랩의 전 과정을 주도하는 경우도 있다. 이는 리빙랩이 진행되는 지역이나 국가가 가진 정치적, 경제적, 사회적 조건 등에 따라 다양하게 나타난다.

함께 만들어가는 혁신에서 가장 중요한 것은 참여자들 간의 관계가 얼마나 수평적이고 협력적이냐일 것이다. 특히 실험을 설계하고 진행하는 과정에서 이러한 수평적 관계는 참가자들이 독특하고 기발한 아이디어를 자유롭게 개진하고 공유할 수 있는 기반을 조성한다. 리빙랩에서는 이것을 '실험의 정치'(politics of experiment)라고 한다. 정치를 공동체의 구성원들이 권력이나 이익 등을 둘러싸고 전개하는 다양한 종류의 상호작용으로 본다면, 실험의 정치는 실험을 구상하고 설계하고 실행하고 평가하는 과정에서 구성원들이 나름의 제도나 규범 혹은 질서를 만들고 그에 따라 상호작용을 보다 평화롭고 생산적이며 협력적인 방식으로 전개하려고 하는 과정이다. 만약 혁신이 기존과 같이 정부가 주도하는 하향식이라면 이러한 정치의 문제가 필요 없을 것이다. 그러나 실험의 정치에서는 누군가가 실험을 주도해야 하고, 그 과정에서 다른 참여자들을 포용하고 갈등을 조정할 수 있는 능력과 의지가 필요하다.

셋째는 시민과학(citizen science)의 역할이다. 리빙랩의 핵심은 실험이다. 실험은 말 그대로 실패할 수 있는 가능성을 가진 도전이다. 리빙랩에서 주민들은 문제를 해결하기 위해 획기적인 아이디어를 제시하고, 전문가들은 이러한 아이디어가 실현될 수 있는 기술적 혁신을 고안한다. 또한 주민들은 실험을 진행하면서 스스로 과학적 원리를 이해하고 직접 조사와 연구를 통해 데이터를 만들기도 하는데 이러한 과정을 시민과학이라고 한다. 아마도 이것이 리빙랩과 기존의 시민활동을 구분하는 가장 큰 특징일 것이다.

앞서 제시된 주차 건물 사례에서 만약 처음부터 리빙랩 방식으로 주민들이 참여해서 문제를 해결한다면, 우선 리빙랩 참여자들은 다양하고 신선한 아이디어들을 자유롭게 토론하고 공유할 것이며 전문가들과 함께 그들의 실행 가능성과 비용, 그리고 효과 등을 분석해볼 것이다. 이 사례는 특히 주민들이 두 집단으로 나뉘어 대립적인 이해관계를 가지고 충돌하기 때문에 이들 간의 이견을 조정하거나 절충할 수 있는 다양한 아이디어를 내고, 이를 실험해보는 과정이 필요할 것이다. 사실 가장 근본적인 문제는 지역의 주차난을 해결하는 것이고, 그것을 위해 지어진 주차 건물이 학생들의 안전을 해치지 말아야 하는 것은 부차적인 문제이다. 따라서 주민 중 학생들이 등교하는 시간에 차를 출고하지 않아도 되는 사람들과 차량이 얼마나 많은지를 먼저 조사한 후, 이들을 우선적으로 주차하게 해서 실제로 시에서 제시한 앞에서와 같은 해결책이 잘 작동하는지, 그 과정에서 새로운 문제가 파생되지는 않는지 등을 실험해보게 될 것이다. 만약 실험이 성공한다면 이 솔루션이 곧바로 적용될 것이며, 실패할 경우 다른 아이디어로 다른 실험을 해보게 될 것이다.

넷째는 가치의 창출이다. 리빙랩 실험에서 솔루션이 도출되었을 때 이것이 참여자들의 특허 출원이나 창업 등 가치 창출의 기회로 연결된다면, 이것이 리빙랩의 가장 바람직한 결과가 된다. 리빙랩은 하향식 메커니즘이 아니기 때문에 참여자들은 각자 참여 동기가 있으며 활동의 결과로서 기대하는 것이 있다. 따라서 참여자들은 문제

해결 과정에서 나온 솔루션이 시장에서 가치를 창출하게 되는 방향
으로 리빙랩을 추진한다. 물론 모든 리빙랩이 다 이렇게 되는 것은
아니며, 문제의 해결에만 그치는 경우도 많다. 그러나 가치가 창출
될 경우, 더 많은 행위자들이 리빙랩 활동에 참여하고 투자한다.

　한국에서는 대학이나 기업이 리빙랩 실험을 위해 투자를 하는 경
우가 거의 없고, 주로 약간의 예산 지원을 담당한다. 그 예산마저도
결국 정부 예산인 경우가 많다. 그러나 유럽에서는 대학과 기업이
협력해서 리빙랩 과정이 기술 개발과 비즈니스 기회의 창출로 이어
질 수 있도록 노력한다. 반대로 좋은 솔루션이 도출되어도 비즈니
스 기회로 연결되지 않는다면 추진하지 않는 경우도 있다. 즉 적절
한 솔루션이 도출되었지만, 이것이 실제 적용되는 과정에서 비용이
너무 많이 들거나 시간이 너무 오래 걸린다면 이 솔루션을 포기하
고 새로운 아이디어에 집중하게 된다. 앞의 예에서 만약 주차 건물
밑으로 지하 통로를 만들어서 학교 쪽 입구도 아니고 주민 쪽 입구
도 아닌 전혀 다른 지하 입구를 만든다는 아이디어가 있다고 할 때,
이것이 비용이 너무 많이 든다면 다른 솔루션을 모색할 수밖에 없
을 것이다.

　이상과 같은 리빙랩의 네 가지 핵심 특징들은 다음 그림에 요약
되어 있다.

리빙랩의 핵심특징

사용자 주도
혁신

공동 창조와
실험의 정치

시민 과학

가치 창출

우리 동네가 실험실이 된다면?

리빙랩의 단계들

앞서 언급한 대로 리빙랩 활동에서 가장 핵심적인 부분은 실험이다. 따라서 전체 리빙랩 과정은 크게 실험 전, 실험, 그리고 실험 후의 세 단계로 나눌 수 있다 (26페이지 그림 참조). 먼저 실험 전에는 리빙랩 참여자들이 문제를 진단하고 이에 대한 해결책을 모색하기 위해 정보를 교환하고 아이디어를 내는 활동이 진행된다. 문제를 찾고 진단하는 것은 주민들이 시작하고 주도하는 것이 이상적이지만, 때로는 전문가들이 문제를 더 잘 파악하고 발견하는 경우도 있다. 이것은 문제의 종류에 따라 다르다. 예를 들어 내가 사는 동네에 있는 공장에서 나오는 악취 문제의 경우, 주민들이 누구보다도 그 문제를 잘 알고 있을 것이다. 반면 배달음식 수요 폭발로 인한 일회용 플라스틱 폐기물 증가 문제의 경우, 우리 동네의 문제이지만 우리 동네에만 있는 문제는 아니며, 전문가들은 이 문제가 글로벌 차원에서 얼마나 심각하고 어떤 의미가 있는지를 잘 파악할 수 있다. 또한 주차 건물 문제처럼 주민들 간에 이해관계에 있어서 충돌이 일어나는 문제도 있고, 교통약자로서의 노인 문제처럼 이해관계가 충돌하지 않는 문제도 있다.

리빙랩의 단계들

실험 전	실험	실험 후
문제 진단	실험 설계	특허 출원, 창업
솔루션 모색	실험 진행	제도화
	시제품 제작	확산, 전파
	문제에 적용	

실험 과정은 크게 네 단계로 이루어진다. 첫 번째는 실험을 설계하는 것이다. 설계에서 가장 중요한 것은 실험 전과 후를 비교하는 것이다. 몇 년 전 전라남도의 한 농촌에서는 치매 노인의 야간 배회 문제를 해결하기 위한 리빙랩 실험이 진행되었다. 실험의 내용은 노인들의 위치를 파악할 수 있는 휴대용 비콘(배회감지기)을 제공해서 노인들이 24시간 휴대할 수 있도록 하고, 마을 입구 곳곳에 LTE 통신기를 설치해서 만약 노인들이 이 지점들을 통과할 경우 통신기가

비콘 스캐너가 되어 상황실과 자녀들에게 이를 전달함으로써 치매 노인이 야간에 마을을 벗어나 위험에 노출되는 것을 방지하는 것이다. 이 경우 먼저 실험 전에 노인들이 야간에 마을을 얼마나 자주 벗어나는지, 그리고 위험 경로가 어디인지를 파악해서 적절한 곳에 통신기를 설치해야 한다. 그리고 실험 후 노인의 배회 횟수와 거리에 있어서 어떤 차이를 보이는지를 조사하는 식으로 실험 전과 후를 비교하는 방식으로 설계하게 된다. 그런데 실제 실험 과정에서 노인들이 비콘을 휴대하지 않는 상황이 발생해서, 그 원인을 파악해 비콘의 형태와 기능, 그리고 휴대 방식 등을 수정해서 여러 차례 다시 실험을 진행했다. 이렇게 여러 종류의 시제품이 제작되어 문제에 적용되었고, 그중 한 제품이 최종적으로 휴대에 가장 적합한 것으로 확인되었다.

실험 후에는 이렇게 해서 만들어진 가장 최적의 제품을 가지고 특허를 출원하거나 창업을 하는 과정으로 연결되는 경우가 있다. 앞의 사례에서는 이미 창업한 기업이 실험을 진행했고, 이 기업은 본 실험을 본격적인 사업 아이템으로 만들어 비즈니스 기회로 활용하고 있다. 또한 이러한 비콘–통신기 시스템이 해당 지자체에서 하나의 정책으로 만들어지는 경우도 있다. 만약 지자체에서 이를 수용할 의지가 있다면 지자체 혹은 지자체가 위탁한 수행기관이 이 시스템을 운영해 치매 노인의 야간 배회로 인한 위험 문제를 줄이게 된다. 그리고 이렇게 성공한 실험은 다른 지역으로 전파되고, 또 유사한 다른 사례에 적용되는 경우도 있다.

리빙랩의 쟁점들

그동안 국내외 학계에서 그리고 리빙랩 참여자들 사이에서 리빙랩에 관한 다양한 이론적, 정책적 쟁점들이 논의되었다. 그중 다음 세 가지를 소개한다.

첫째, 하나의 정치 현상으로서 리빙랩이 기존 정당 중심의 정치 혹은 시민사회 운동을 보완할 수 있는가이다. 리빙랩은 시민이 직접 주도해서 자신이 가진 문제를 사회적으로 해결하는 활동이기 때문에 이 역시 기본적으로 정치활동이라고 할 수 있다. 특히 지금처럼 한국 정치가 극단적으로 양극화되어 정치적 효능감이 저하되고 정치의 문제해결 기능이 약화되는 현실에서 리빙랩은 기존 제도권 정치를 대체할 수는 없지만 적어도 보완하는 역할을 할 수 있다. 우리는 몇 년 전 수업에서 리빙랩 활동을 경험한 학생들을 대상으로 설문조사를 해본 적이 있다. 이 조사의 문항 중 하나는 '나의 리빙랩 활동이 투표 행위보다 더 의미 있다고 생각한다'에 얼마나 동의하느냐였는데, 80퍼센트 이상의 응답자가 대체로 혹은 매우 동의했다.

사실 리빙랩은 시민들이 정책 결정에 참여하거나 여론을 조성하는 것이 아니라 문제를 해결하는 활동이다. 따라서 이는 정당정치 등 기존 제도권 정치보다는 시민운동에 더 가깝다. 그러나 기존 시민운동보다 전문기술에 더 기반을 두고 있으며, 혁신적이고 창의적인 아이디어의 창출을 통한 솔루션의 모색이라는 점에서 차이가 있다. 리빙랩은 초당파적일 수도 있고, 특정 이념에 기반을 둘 수도 있다. 또한 문제를 해결하고 혁신을 추진하는 것 자체를 목적으로 하는 경우도 있고, 그 과정에서 특히 사회적 약자에게 더 큰 관심을 가지고 구조적 불평등을 개선하려고 노력하기 위해 리빙랩 활동을 하는 경우도 있다. 즉 리빙랩 활동이 정치적으로 어떤 의미를 가지느냐는 리빙랩 참여자들이 그 활동을 무슨 목적으로 왜 하는지, 그리고 어떻게 설계하는지에 달려 있다.

둘째, 리빙랩은 반드시 전문기술을 수반하는가이다. 이 질문에 대한 대답은 쉽지 않지만, 일반적으로 유럽의 경우 좀 더 전문기술이 수반되는 경우가 한국보다 많다는 대답이 가능할 것이다. 그러나 리빙랩이 어떤 것인지에 대한 정의는 사실 그것을 실행하는 리빙랩 참여자들이 하는 것이 적절하다. 리빙랩의 기술의존도는 리빙랩이 실현되는 국가 또는 지역이 가진 정치적, 경제적, 사회적, 문화적 조건에 따라 달라진다. 그리고 리빙랩이 구체적으로 누구에 의해 왜, 그리고 어떻게 실행되는지 역시 기술의존도에 영향을 미친다. 즉 리빙랩은 반드시 전문기술이 포함되어야 하는 활동은 아니다. 사실 유럽 도시에서도 기술과 상관없는 리빙랩 실험들이 전개되고 있다. 몇 년 전 서울시와 경기도 시흥시에서 하수구에 스마일 그림을 그려 담배꽁초 등 쓰레기 투기 문제를 획기적으로 개선한 사례가 있다. 이것은 기술과는 상관없고 사람들의 의식을 환기시키고 실천을 유도하기 위한 픽토그램(pictogram, 그림만 보면 그 의미를 알 수 있는 그림문자)에 기반한 환경 및 사회안전 운동이었다. 이러한 활동은 충분히 리빙랩 활동으로 부를 수 있다.

셋째, 리빙랩은 개발도상국(이하 개도국)에서는 불가능한가의 문제이다. 과거 초기 리빙랩은 주로 선진국 도시에서 그것도 대학이나 연구기관을 중심으로 전개되는 전문지식 및 기술 기반의 혁신 활동이었다. 그러나 유럽에서도 점차로 리빙랩 활동에서 시민의 참여가 증가했고, 이들의 참여를 촉진하기 위한 온라인, 그리고 오프라인 플랫폼들이 중요한 역할을 하기 시작했다. 특히 지난 3년여 간의 팬데믹 위기를 거치면서 유럽에서는 도시 전체의 회복탄력성을 제고하고, 지속가능한 공간을 만드는 과정에서 시민의 창의적인 아이디어와 다양성에 기반을 둔 참여가 중요해지게 되었다. 오늘날 리빙랩은 비서구, 그리고 개도국의 도시로 확대되었다. 동남아시아, 아프리카의 많은 지역에서 리빙랩 활동이 활발하게 전개되고 있고, 선진국과 다른 조건에서 다른 해결책이 모색되고 있다. 사실 이러한 개도국에서의 활동은 선진국 도시에서의 리빙랩에 많은 함의를 제공해준다. 선진국과 개도국의 리빙랩 활동에 대한 비교는 글로벌 문제가 각 로컬의 조건에 따라 어떻게 상이하게 다루어지는지를 보여준다.

이 책의 5장에서는 대학의 국제개발협력 수업에서 학생들이 먼저 자신의 지역 문제를 찾고, 그 해결책을 모색하는 과정을 경험하며, 이것의 개발협력 파트너 국가에의 적용가능성을 모색하는 활동을 수행하는 예를 보여준다. 이를 통해 학생들은 한국과 파트너 국가의 로컬은 왜 다른지, 그리고 이러한 상이한 로컬의 조건에 따라 글로벌 문제들이 어떻게 상이하게 해결되는지를 이해한다.

2장
유럽의 리빙랩

＊

리빙랩이라는 말을 처음 쓴 것은 미국 MIT대학에서의 실험에서 부터라고 알려져 있다. 그러나 이러한 용어의 기원과 상관없이 리빙랩 활동이 먼저 광범위하게 확산되고 뿌리내린 곳은 유럽의 도시들이다. 일반적으로 유럽에서는 미국보다 일찍 환경친화적이고 지속가능한 도시로의 전환을 추진해왔기 때문에 유럽의 도시에서 이러한 실험과 창조가 먼저 시도되었을 것이다. 특히 유럽 전체가 2010년대로 오면서 순환경제 체제로의 전환을 추구하면서, 그 구체적인 실천 단위인 도시들도 이를 준비하기 위해 리빙랩에 더욱 집중하기 시작했다. 순환경제란 자원의 활용을 통한 제품의 생산, 소비, 그리고 폐기 등의 과정이 선형으로 끝나는 것이 아니라 소비된 재품을 재사용하거나 재활용해서 순환적인 메커니즘을 만들어 지속가능한 경제를 실천하는 것을 말한다. 또한 최근에는 전 세계 국가들이 탄소중립 목표를 세우고 이를 실행하게 되면서 핵심적인 실행 주체로서 도시가 또다시 중요한 역할을 하게 되었다. 특히 유럽의 도시들은 중앙정부 주도의 하향식 실행이 아닌 각 도시와 지역의 특성에 맞는 실행계획을 세우고, 다양한 실험을 통해 효과적인 탄소중립 이행전략을 모색하고 있다.

유럽연합, 유럽의 국가들 그리고 도시들은 한국에서의 지속가능 발전전략 수립에 있어서 하나의 중요한 준거점이 되어 왔다. 한국에서는 환경을 둘러싼 쟁점들이 발생할 때마다 가장 먼저 유럽에서는 어떻게 하는지를 따져본다. 예를 들어 유럽에서 탄소중립 전략에 핵발전을 포함하는지 안 하는지, 플라스틱 생산을 어떻게 규제하는지, 그리고 에너지 전환을 하되 어떻게 거대 자본의 에너지 독점을 막고 에너지 소외를 극복하는지 등은 한국의 환경정치에서 중요한 정보와 기준점을 제시해준다. 한국인에게 있어서 미국은 땅이 넓고 자원이 풍부하며 폐기물 매립지 부족 걱정을 할 필요가 없는 부자 나라의 이미지가 강한 반면, 유럽은 상대적으로 땅이 좁고 자원이 부족하며 탈물질주의적 가치(post-materialist values)를 추구하는 나라(혹은 지역)의 이미지가 강하다.

　　유럽의 경험이 한국 환경정치에 영향을 미치는 과정에서 몇 가지 쟁점이 있다. 첫째, 유럽은 미국에 비해 자원이 부족하다는 점에 있어서 한국과 비슷한 조건을 가지고 있지만 그 외의 정치경제적, 사회적, 문화적 조건이 매우 다르기 때문에 유럽의 경험이 한국에 도입될 때 한국의 조건에 영향을 받아 변형되는 경우도 많다. 즉 한국에서는 유럽처럼 되지 않는 경우도 많은데, 리빙랩도 그 예 중 하나이다. 이 문제에 대해서는 다음 장에서 더욱 자세히 논의할 것이다. 둘째, 유럽의 경험에 대한 정보가 한국에 어떻게 전해지는지의 문제이다. 일반인들은 유럽의 에너지 정책이나 탄소중립 등에 대한 정보를 대부분 기존 언론이나 대안적인 매체를 통해 습득하고 있다. 그러나 기존 언론 자체가 양극화되어 선택적으로 편향된 정보를 우선적으로 제공하고 특정한 방향으로 정보를 프레임할 경우, 유럽의 경험이 왜곡되어 전달될 가능성이 높다. 이것은 특히 정치 자체가 극단적으로 양극화된 현 한국의 상황에서 더욱 심각하게 나타난다. 이미 한국 정치에서 핵발전 문제 등 환경문제 역시 정치적 양극화의 이슈가 되었기 때문에 핵에너지와 관련된 유럽의 정보 역시 편향되게 전달되는 경우가 많다. 이 장에서는 이런 점들을 염두에 두고 유럽의 리빙랩을 순환경제 및 탄소중립 등의 주제를 통해 소개할 것이다.

순환경제와 리빙랩

　　순환경제란 선형경제(linear economy)와는 달리 자원을 활용해서 제품을 생산하고 소비한 후 그것을 재사용하거나 재활용해서 최대한 제품의 생명주기를 늘리고 자원의 이용을 최소화해서 지속가능한 방식의 생산 및 소비 패턴을 만들어가는 과정을 말한다. 유럽의 각국에서는 순환경제라는 용어를 사용하지는 않았지만 1970년대부터 폐기물을 줄이고 재활용하려는 시민사회의 많은 시도가 있었고, 이를 부분적으로 법과 제도로 만들기도 했다. 이러한 배경하에서 유럽연합이 순환경제의 법제화를 선도할 수 있었다.

　　유럽연합 차원에서 최초로 순환경제를 공식적으로 추진하기 시작한 것은 2014년이다. 2015년에 유럽연합 집행위원회는 지속가능한 성장, 일자리 창출, 경쟁력 제고 등의 전략을 담은 '순환경제 패키지'(Circular Economy Package)를 발표했다. 이 패키지의 핵심 메시지는 자원의 순환을 통해 이윤을 창출하고 경쟁력 있는 경제체제를 구축하자는 것이다. 이후 2018년까지 각 세부 항목에 해당하는 전기 및 전자 제품의 순환 전략, 플라스틱의 순환 전략, 폐기물 처리에 관한 전략 등이 제안되고 승인되었고, 이러한 흐름을 바탕으로 2020년에는 유럽연합 그린 딜(EU Green Deal)에 관한 구체적인 실천 계획으로 신순환경제실천계획(New Circular Economy Action Plan, 이하 행동계획)을 발표했는데, 이 행동계획이 유럽 순환경제 추진 전략의 기본 내용을 모두 포함하고 있다.

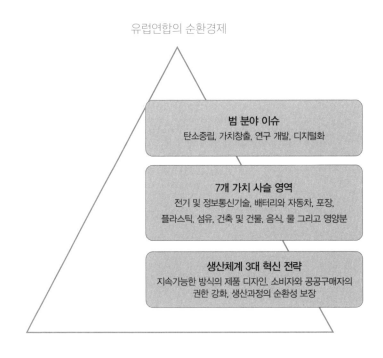

유럽연합의 순환경제

범 분야 이슈
탄소중립, 가치창출, 연구 개발, 디지털화

7개 가치 사슬 영역
전기 및 정보통신기술, 배터리와 자동차, 포장,
플라스틱, 섬유, 건축 및 건물, 음식, 물 그리고 영양분

생산체계 3대 혁신 전략
지속가능한 방식의 제품 디자인, 소비자와 공공구매자의
권한 강화, 생산과정의 순환성 보장

우리 동네가 실험실이 된다면?

왼쪽의 그림은 행동계획에 나타난 유럽연합 순환경제 체제의 전체 구조를 요약한 것이다. 일단 전체적인 문제의식은 행동계획의 도입 부분에 나와 있는데, 우리가 지구라는 자원을 남용하고 있다는 것이다. 우리가 지금처럼 자원을 소비한다면 2050년이 되면 지구가 3개가 되어야 할 것이라고 예측된다. 그리고 2050년까지 인류는 바이오매스,[*] 화석 연료, 광물, 그리고 금속 등의 사용량이 기존의 두 배가 될 것이며 기존의 70퍼센트에 해당하는 폐기물이 발생할 것으로 추정된다. 서구의 싱크탱크와 글로벌 환경단체 등이 만들어 낸 지구용량 초과의 날(Earth Overshoot Day)은 한 해에 지구가 제공해 줄 수 있는 생물학적 자원을 인류가 모두 소비한 날을 말한다. 이날은 정상적이라면 매년 12월 31일이어야 하는데, 2022년의 경우 이날은 7월 28일이다. 즉 7월 말에 1년 치 자원을 다 소모해 버린 것이다.[**]

행동계획의 기초적인 프레임워크는 제품의 생산 및 소비 과정 자체를 순환적으로 만드는 것이다. 이를 편의상 생산체계 3대 혁신전략이라고 할 수 있는데, ① 지속가능한 방식의 제품 디자인, ② 소비자와 공공구매자의 권한 강화, ③ 생산 과정의 순환성 보장 등이다. 먼저 ①은 제품의 디자인 단계에서 자원의 사용을 최소화하고 재활용과 재사용의 가능성을 높이도록 하는 것이다. 이를 위한 법적 장

---

[*] 바이오매스란 식물, 동물, 미생물 등 생태계의 순환 과정에 관련되는 모든 생물 유기체를 총칭한다.

[**] 지구용량 초과의 날은 국가별로도 계산되는데 2022년의 경우 이 날이 가장 빨리 온 국가는 카타르(2월 10일)다. 한국의 경우 4월 2일이다. https://www.overshootday.org/

치로는 대표적으로 유럽연합 집행위원회가 2009년 시행한 에코디자인 지침(Ecodesign Directive)이 있다. 또한 자발적인 기제로는 유럽연합 에코 라벨링(EU Eco-label), 그리고 유럽연합 녹색공공조달 기준(EU Green Public Procurement Criteria)이 있다. ②의 경우 소비자들이 제품의 생산과정 및 생명주기에 대한 정확한 정보를 알 권리가 보장되어야 한다는 점, 그리고 새로 사는 것이 아니라 기존 제품을 수리할 권리(right to repair)가 보장되어야 한다는 점이 강조된다. 이 두 측면 역시 유럽연합 집행위원회 차원의 지침으로 명시되어 있다. 마지막으로 ③은 생산체계 자체를 친환경적이고 순환적으로 바꾸는 것이다. 예를 들어 디지털 기술을 활용해서 생산 과정에서 투입되는 자원의 전체 이동 경로를 추적하고 이를 지도화해서 자원이 선형적으로 폐기되는 것을 막는다. 또한 생산 과정에서 탄소 및 공해 발생을 최소화하기 위한 공해배출에 관한 지침 역시 여기에 포함된다.

이러한 기초적인 프레임워크를 구체적인 7개의 영역에 적용해서 정책과 제도를 만드는데, 이 영역은 가장 시급하고 파급력이 강하며 폐기물이 많이 발생하는 산업 분야들이다. 예를 들어 건축의 경우, 건축 자재를 디자인하고 생산하는 단계에서부터 마치 레고 블록처럼 모듈형으로 건축을 설계하고, 그에 맞는 건축자재를 기계의 부품처럼 제작하는 것이다. 이는 포장재 및 포장기술을 혁신해서 불필요한 포장재를 줄이고, 플라스틱의 생산 및 사용을 최소화하며, 더 나아가 일회용 플라스틱 제품의 생산 및 사용을 금지하는 단계로까지 발전했다. 섬유의 경우에도 새로운 유행에 맞는 신상품이

주기적으로 나와야 하는 패션 산업의 특성상 신상품 폐기물이 필요 이상으로 증가하는 현상을 방지하기 위해 이에 관한 지침 역시 제안되었다. 즉 한 번도 판매되지 않는 제품의 경우 폐기되지 못하도록 하는 것이다. 결국 생산과 디자인 그리고 소비에 있어서 감축(reduce), 재사용(reuse), 재활용(recycle), 그리고 자원회수(recover)를 이 일곱 가지 영역에서 최대한 실현하자고 하는 제안을 하는 것이 핵심이다.

이러한 순환경제는 사실 글로벌 차원의 더 큰 과제인 기후변화 대응을 위한 탄소중립 차원에서 실천되어야 한다. 실제로 각국 그리고 각 지역의 탄소중립 전략의 핵심 구성 요소가 에너지 전환과 순환경제이다. 또한 이러한 순환경제의 실천 과정이 단순히 문제를 해결하는 데서 그치지 않고, 가치를 창출하는 과정이 되게 하기 위해서는 연구와 실험 그리고 과학적 탐색이 필수적이다. 리빙랩이 순환경제와 만나는 지점이 바로 여기다. 즉 순환경제를 구체적으로 실현하는 방식으로 리빙랩이 주목을 받게 된 것이다.

유럽의 순환경제는 기본적으로 3개의 층위에서 전개된다. 첫째는 앞서 본 바와 같이 유럽연합 차원에서 순환경제에 관련된 법과 제도를 만들고 실행계획을 수립하는 것이다. 둘째는 개별 국가 차원에서 국가순환경제 기본계획을 세우는 것이다. 네덜란드의 경우 2015년에 국가순환경제 기본계획을 수립했다. 이 계획에 따르면 2050년이 되면 네덜란드는 폐기물 제로 상태(waste free economy)가 된다. 셋째는 도시 차원에서 도시순환경제 계획을 세우는 것이다. 네덜란드의 예를 들면, 가장 먼저 도시 순환경제 계획을 세운 곳은 암스테르담이고, 이후 아인트호벤 등 다른 도시에서도 순환경제로의 이행을 추진하고 있다. 사실 이 세 층위 중에서 가장 중요한 것은 도시 차원이다. 왜냐하면 가장 세밀하고 구체적인 실행계획은 도시 단위에서 수립되고 집행되기 때문이다. 그렇다고 해서 지역 및 국가 수준의 계획이 의미 없는 것은 아니다. 전체 유럽연합 차원에서 일종의 '대세'에 해당하는, 즉 누구나 당연히 따라야 할 의무로서 순환경제라는 방향을 설정해주고 이를 실행하기 위해 국가 차원에서 법과 제도를 만들고 나면, 도시 차원에서 구체적인 실행방안을 마련하게 되는 것이다. 이처럼 분권화된 시스템 속에서 각 도시는 자신이 처한 조건에 맞는 실행계획을 수립할 수 있다.

도시 순환경제 계획 중 가장 대표적인 곳은 암스테르담과 빌바오이다. 이 두 도시 경우 각각 출판한 〈Circular Amsterdam〉 그리고 〈Circular Bilbao/Bizkaia〉라는 문건을 통해 세부 계획을 알 수 있다. 문건의 핵심 내용은 각 도시에서 실제로 가치와 소득을 창출하고 있는 주력 산업이 무엇인지를 먼저 파악하고, 이 산업에서 어떤 자원을 얼마나 많이 사용하고 있는지, 그리고 사용하고 난 폐기물이 어떤 방식으로 처리되고 있는지를 조사하는 것이다. 이를 바탕으로 해서 각 산업별로 물질흐름분석(material flow analysis)을 시도하는 것이다. 이렇게 되면 한 도시 경제의 유지와 발전을 위해 구체적으로 어떤 자원이 얼마만큼 소비되고 있으며, 그것이 얼마나 순환되는지를 파악할 수 있다. 사실 이 순환성에 대한 분석은 산업별

뿐 아니라 지역별로도 가능할 것이다. 도시 내 특정 지역에서의 물질흐름분석을 통해 해당 지역에서 자원을 얼마나 소비하는지, 그리고 얼마나 순환시키는지를 파악할 수 있다. 중요한 것은 폐기물 발생과 자원소비가 많다고 해서 도시의 주력 산업을 위축시키는 것이 아니라 오히려 그 산업을 기존의 선형경제 방식이 아닌 순환경제 방식으로 전환해서 효율성과 지속가능성을 높인다는 점이다.

빌바오시 관광 산업의 물질흐름의 예

그림에서 볼 수 있듯이 예를 들어 빌바오시의 경우 주력산업 중 하나인 관광사업을 대상으로 물질흐름분석을 시도했다. 먼저 관광 산업에 관여하는 호텔, 식당, 관광시설 등의 모든 현황을 파악한 후 이들이 사용하는 자원을 ① 에너지, ② 바이오매스, ③ 광물이나 화학 자원(예를 들어 유리, 도자기, 섬유 등), ④ 금속, ⑤ 물 등 다섯 가지로 분류했다. 따라서 관광업에서 한 해에 이 각각의 자원을 얼마나 사

용하는지의 총량을 측정할 수 있다. 다음으로 이 자원을 사용하고 난 후 어떻게 처리되는지를 파악하기 위해서 ① 재사용, ② 재활용, ③ 자원회수(소각해서 발생하는 열을 난방 등의 에너지로 이용하는 것), ④ 소각, ⑤ 매립 등의 다섯 가지로 분류했다. 이 중 ①과 ②를 합치면 (그리고 관점에 따라서는 ③도 가능하겠지만) 자원이 얼마나 순환되는지를 파악할 수 있다. 이러한 물질흐름분석은 매우 단순해 보이지만, 이전에는 유럽에서조차 누가 자원을 얼마만큼 사용하는지를 파악해보려는 본격적인 시도가 거의 없었다는 점에서 중요하다. 유럽이 북미나 남미, 그리고 아시아 등 다른 대륙에 비해 자원이 상대적으로 부족하다는 점, 그리고 기후변화에 대응하기 위해 이산화탄소를 줄이려면 결국 근본적으로 무제한적 소비와 생산을 추구하는 현재의 약탈적, 중독적 경제의 본질을 바꾸지 않으면 안 된다는 문제의식을 가지게 되었다는 점 등이 유럽의 순환경제 실천을 설명해준다.

암스테르담의 경우, 많은 산업 중 건축업과 식품업(식품 생산/가공/판매업, 요식업 등)에 주목했다. 이는 시의 전문가들의 분석 결과 이 두 업종에서 가장 많은 양의 폐기물이 발생했기 때문이었다. 우선 위와 같이 이 두 업종에서 어떤 폐기물이 얼마나 발생하는지를 파악하고, 이를 줄여서 순환 건축 체인 및 순환 바이오매스 체인을 만들 수 있을지에 대해 연구했다. 이 과정에서 중요한 역할을 한 것이 리빙랩 실험이다. 건축의 경우 모듈형 건축 시스템을 설계해서 건축 자재를 최대한 반복적으로 재사용할 수 있는 시스템을 만드는 실험을 진행했다. 그리고 바이오매스의 경우 식당에서 발생하는 음식물 폐기물을 수거 후 비료화해서 인근 농장에서 활용하는 시스템을 실험했다. 이러한 실험이 대표적인 리빙랩 활동이다. 전문가들과 시민들이 협력해서 문제를 해결하기 위해 다양한 의견과 아이디어를 공유하고, 실험을 설계하고 진행해보고, 이를 바탕으로 솔루션을 모색하는 것이다. 이러한 실험이 문제를 해결해주지 않을 경우 다시 다른 실험을 설계한다.

암스테르담 순환경제에서 주목할 점은 순환경제체제로의 이행에서 문제로 작용하는 방해물들을 ① 기술, ② 법과 정책, ③ 시장, ④ 문화 등의 네 가지로 설명하고 있다는 점이다. 기술은 순환경제체제로의 이행을 촉진시키는 결정적 역할을 한다. 물론 획기적인 기술적 진보 없이도 순환경제의 실현은 가능하지만, 체제의 근본적인 전환을 위해서는 기술혁신이 필요할 것이다. 기존의 법과 정책은 때때로 혁신적인 솔루션의 도출을 막기도 한다. 이 경우 법이나 규정을 바꾸는 과정이 매우 복잡하고 시간이 걸리기 때문에 혁신을 시도하지 못할 수도 있다. 또한 도출된 혁신적인 아이디어가 아무리 문제를 잘 해결한다고 해도, 이 혁신에 참여하는 행위자들에게 인센티브가 제시되지 못할 경우 혁신이 진행되기 힘들다. 또한 혁신으로 인한 이익과 가치가 참여자들 간에 상이하게 배분될 경우에도 순환경제체제로의 이행을 촉진시키는 혁신이 어려울 수 있다. 마지막으로 혁신에 참여하는 행위자들이 수평적 관계를 유지하면서 협력하는 문화가 조성되지 못한다면 이러한 순환경제체로의 이행이 힘들 수 있다. 다음 표는 이러한 네 가지 방해물들을 리빙랩의 3단계에 적용해본 것이다. 이것은 순환경제뿐 아니라 우리가 일반적으로 리빙랩 활동을 기획하거나 평가할 때 활동과정과 결과를 분석하거나 평가하는 도구로 유용할 것이다.

리빙랩 활동에 있어서 방해물들

단계/방해물	기술	법과 정책	시장	문화
실험 전				
실험 과정				
실험 후				

탄소중립과 리빙랩

　　기후변화에 대응하기 위한 국가들의 노력과 협력은 유엔을 중심으로 꽤 오랫동안 먼 길을 걸어왔지만 사실상 그 결과는 너무나 초라하다. 1992년 유엔기후변화협약(United Nations Framework Convention on Climate Change, UNFCCC)이 만들어지고 1997년에 열린 제3차 당사국 총회에서 교토의정서(Kyoto Protocol)가 채택되었다. 이 의정서는 선진국과 개도국 그룹의 합의에 의해 역사적으로 온실가스를 더 많이 배출한 그룹 40개 국가가 먼저 감축하기로 한 의무조항이 담긴 조약이다. 비록 이 그룹에 있었고, 당시 전 세계에서 가장 많은 온실가스를 배출하고 있었던 국가였던 미국이 이 조약의 비준을 거부하면서 사실상 반쪽짜리 조약이 되었지만, 그럼에도 불구하고 이 조약이 잘 지켜졌다면 매우 의미 있는 선례가 되었을 것이다. 그러나 2005년 조약이 발효되고 2008년 1차 의무감축기간이 시작되었는데도 국가들은 조약 이행보다는 2차 의무감축기간에는 누가 얼마나 감축할 것인지에 대한 논의에 집중했다. 2011년 동일본 대지진으로 인해 일본이 의무감축이행의 어려움을 호소하고, 다른 국가들도 결국 약속 이행이 어려워지면서 이 의정서는 2015년에 와서야 비로소 공식적으로 사망선고가 되었다. 이것이 바로 파리협정이었다.

파리협정은 교토의정서의 실패를 거울삼아(?) 만든 구속력 있는 의무이행조항이 없는 일종의 연성법(soft law)이다. 지구 평균온도의 상승 폭을 산업화 이전에 비교해서 1.5℃ 혹은 2℃ 이내로 낮추자는 온도 목표에 합의했으나 이것은 합의에 불과할 뿐 구속력 있는 조약(binding agreement)이 아니므로 선언에 불과한 것이다. 유엔에서 기후변화를 과학적으로 관찰하고 분석하기 위해 국경을 초월해서 결성한 과학자 집단인 기후변화에 관한 정부 간 패널(Interstate Panel on Climate Change, IPCC)은 현재 6차 평가 주기를 실행하고 있으며, 6차 기간 내에 정기 혹은 특별 보고서들을 발간해왔다. 이 보고서들에 따르면, 우리가 파리협정에서 합의한 온도 목표를 달성하기 위해서는 전 지구적으로 2050년까지 탄소중립을 실현해야 한다. 사실 실현한다고 해도 진짜로 이 목표를 달성할 수 있을지에 대해 보고서들은 회의적이지만, 일단 이 목표를 달성하는 것이 중요하다는 것이 강조되고 있다. 따라서 이제 지구 차원의 기후변화정치는 탄소중립이라는 키워드 중심으로 전개되고 있다.

탄소중립이란 이산화탄소 배출량과 흡수량을 같게 해 순(net)배출량을 0으로 만드는 것이다. 이 역시 기존의 교토의정서보다 훨씬 후퇴한 개념이다. 교토의정서에서 국가들은 흡수에 대해 적극적으로 논의하지 않았다. 즉 어떻게 하면 온실가스의 배출량을 감축할 것인지, 그리고 그것을 어디서 감축할 것인지(예를 들어 내 나라에서 감축할 것인지, 아니면 보다 더 저렴한 비용으로 감축할 수 있는 개도국에서 감축할 것인지)가 논란의 대상이었고, 이것이 청정개발체제(clean development mechanism)로 구체화되어 감축활동을 촉진시켰다. 그러나 이제 국가들, 그리고 기업들은 배출량을 줄이는 것보다는 흡수량을 늘리는 것에 더 관심을 보인다. 2021년의 제26차 당사국 총회는 자연총회(Nature COP)이라는 별명이 붙었을 정도로 자연기반해법(nature based solutions)을 집중적으로 논의했던 회의였다. 자연기반해법이란 바다, 숲, 토양 등 이산화탄소를 흡수하는 흡수원들의 흡수력과 흡수량을 늘려 탄소중립을 실천하는 방법을 말한다. 그러나 자연기반해법, 그리고 흡수는 어디까지나 배출량 감축을 도와주는 보조적인 수단이 되어야 할 뿐, 감축이 아닌 흡수가 주요 수단이 되어서는 안 된다. 그러나 몇몇 선진국들을 제외하고는 대체로 이 흡수원에 주목하고 있다. 석유회사나 항공회사와 같이 온실가스의 감축이 어려운 경우, 그들의 ESG활동의 대부분은 흡수원의 확보에 집중하고 있다. 한국도 온실가스 감축 목표를 항목별로 보면, 흡수에 의한 감축이 9.2퍼센트이며 국외감축이 11.5퍼센트이다. 그런데 국외감축 중 상당 부분을 해외조림사업 등 흡수원에 초점을 둘 경우, 한국의 감축목표 달성 전략에서 사실상 흡수가 차지하는 비중이 20퍼센트가 될 수도 있다. 2022년에 열린 제27차 당사국 총회에서는 개도국과 선진국 그룹 사이에서 손실과 피해에 대한 지원을 어떻게 할 것인가에 대한 논쟁으로 대부분의 시간을 소모했고, 결과적으로 확실히 합의한 것은 거의 없다.

이 상황에서 실제로 탄소중립을 적극적으로 실천하고 있는 행위자는 주로 도시 혹은 도시 이하 단위의 공동체들, 그리고 이들이 만들어내는 글로벌 네트워크들이다. 도시는 평균적으로 전 세계 이산화탄소 배출량의 70퍼센트 정도를 배출하고 있고, 폐기물 역시 약 70퍼센트가 도시에서 발생한다. 또한 에너지 소비 역시 약 70퍼센트 정도가 도시에서 발생한다. 따라서 도시가 지구환경정치, 그리고 글로벌 기후변화정치에서 중요한 행위자이며, 실제로 이들은 주권국가들이 모이는 국제환경조약보다 더 중요한 역할을 하고 있다. 탄소중립은 한 국가의 에너지 체제 자체의 근본적인 전환을 필요로 하며, 이러한 전환을 이미 달성했거나 상당 부분 달성하고 있는 국가의 경우 도시들—주로 유럽의 도시들—이 이러한 중요한 역할을 하고 있는 것이다.

여기서 에너지 전환이란 오른쪽 그림과 같이 ① 재생 불가능한 에너지 시스템에서 재생 가능한 에너지 시스템으로의 전환, ② 중앙 집중형 에너지 시스템에서 지방 분권형 에너지 시스템으로의 전환, ③ 수요 중심의 에너지 시스템에서 공급 중심의 에너지 시스템으로의 전환, ④ 환경을 파괴하는 에너지 시스템에서 환경을 보호하는

에너지 전환

재생 불가능한 에너지 시스템 ⇨ 재생 가능한 에너지 시스템

중앙집중형 에너지 시스템 ⇨ 지방분권형 에너지 시스템

수요 중심 에너지 시스템 ⇨ 공급 중심 에너지 시스템

환경 파괴형 에너지 시스템 ⇨ 환경 보호형 에너지 시스템

에너지 시스템으로의 전환을 의미한다. 예를 들어 한국의 경우 재생 불가능한 에너지원이 대부분이며, 에너지의 생산, 보급, 운송, 판매 등에 이르는 모든 과정을 중앙정부의 공기업이 독점하고 있고, 또한 전형적인 수요 중심의 에너지 체제를 운영하고 있기 때문에 에너지 전환이 거의 이루어지지 않은 경우라고 할 수 있다. ④의 경우, 논란이 있지만, 핵에너지는 사용 후 핵연료의 저장 문제가 해결되지 않아 결국 환경을 파괴하는 에너지원이라고 한다면, 이 역시 포기되어야 진정한 에너지 전환이 이루어졌다고 할 수 있다.

　이러한 에너지 전환을 이미 상당 부분 진행하고 있는 유럽의 도시들은 탄소중립을 실천하는 데 있어서 매우 유리한 조건에 있다. 이들이 주로 설정하는 탄소중립 실천 영역은 다음 그림에서 보는 바와 같이 에너지(energy system), 건축 구조물(built environment), 이동/

교통(mobility and transportation), 순환경제, 그리고 자연기반해법 등이다. 사실 이 다섯 영역은 우리가 시민사회에서 탄소중립을 실천할 수 있는 대표적인 영역일 것이다. 탄소를 줄이기 위해서는 우선 에너지 전환이 필요하고, 이와 더불어 각종 건축물이나 구조물에서 발생하는 탄소를 줄이는 것, 교통이나 모바일 체계를 혁신해서 탄소를 줄이는 것, 자원의 생산과 소비를 줄이고 폐기물을 제로로 만드는 것, 그리고 흡수원을 늘리는 것 등이 대안이 될 것이다. 실제로 산업 부문 외에 가장 많은 탄소를 배출하는 영역이 바로 이 영역들이다.

유럽의 도시 탄소중립 실천 영역

탄소중립을 구체적인 각 영역에서 실천하는 과정에서 유럽 도시들은 주로 다음과 같은 다섯 가지의 핵심 점검 요인들을 설정했다. ① 정책 및 거버넌스, ② 기술혁신, 디지털화, 빅데이터, ③ 시민 참여, ④ 재정 지원, 비즈니스 모델 창출, ⑤ 학습과 교육을 통한 의식 제고 등이다. 우선 도시에서 탄소중립을 실천하려면 위에서 제시한 각 영역에서 구체적으로 이러한 핵심 점검 요인들과 관련해서 어떤 필요/수요가 있는지, 그리고 이를 추진하는 동력은 무엇이고 반대로 이의 추진을 방해하는 요인은 무엇인지를 파악하는 것이 필요하다. 예를 들어 암스테르담에서 건축 구조물과 관련해서 시민들이 탄소중립을 실천하고자 할 때, 먼저 정책 및 거버넌스 차원에서는 구체적으로 어떤 개선이 필요한지, 그리고 그 개선을 추진하는 동력은 무엇이고 그것을 방해하는 요인은 무엇인지를 파악하는 것이다. 그리고 건축 구조물의 탄소중립을 실천하는 과정에서 기술혁신이나 디지털화, 그리고 빅데이터 구축 및 분석은 얼마나 중요한 역할을 하는지, 그리고 마찬가지로 이를 추진하는 인센티브는 무엇이고 반대로 이를 방해하는 요인은 무엇인지를 판단해야 한다. 이는 다음의 표와 같은 분석틀로 요약될 수 있다. 만약 우리가 다섯 영역에서 이러한 표를 5개 만든다면 그 도시의 탄소중립 전략을 수립하고 집행하기 위한 기본 조건을 모두 파악하게 되는 것이다.

도시 탄소중립 실천의 핵심 점검 요인들

	수요(Needs)	촉진요인(Drivers)	방해 요인(Barriers)
정책/거버넌스			
기술/디지털화/빅데이터			
시민참여			
재정지원/비즈니스 모델 창출			
의식 제고			

사실 이 5개의 점검 요인들은 리빙랩 활동과 밀접히 관련되어 있다. 예를 들어 유럽에서는 목조 주택 혹은 목조 건축물을 지어 탄소 중립을 실천하는 실험이 다양하게 진행되어 왔고, 대체로 매우 성공적이다. 이 실험은 이른바 내장된 탄소(embodied carbon)를 줄이기 위한 것이다. 건축물과 관련된 탄소는 크게 내장된 탄소와 운영과정에서 발생하는 탄소(operational carbon)로 나눌 수 있는데, 이 중 내장된 탄소는 건축물을 설계하고 건축하는 과정에서 발생하는 모든 탄소를 포함한다. 즉 원자재에 해당하는 벽돌이나 철골 등을 생산하는 과정에서 발생하는 탄소, 이들을 운반하는 과정에서 발생하는 탄소, 이들을 조립하는 실제 건축 과정에서 발생하는 탄소, 그리고 건축물이 수명을 다했을 때 해체 과정에서 발생하는 탄소 등을 모두 포함한다. 과거에는 건축물이 운영되는 과정에서 발생하는 탄소량에만 신경을 썼지만, 이제 유럽에서는 내장된 탄소량을 줄이는 것이 보다 근본적이고 중요한 목표로 설정되고 있다. 따라서 내장된 탄소량을 줄이기 위해 목조 구조물 건축이 다양하게 실행되고 있다.

우리도 기존의 철골 및 시멘트로 구성된 구조물에서 목조 구조물로 건축을 변경한다면, 자원의 이용 및 이산화탄소 발생, 그리고 폐기물 등의 문제를 대폭 개선할 수 있을 것이다. 이를 위해서는 기존 목조건축물에 관한 법과 규정을 바꿔야 할 것이며, 이를 논의하기 위한 테이블이 마련되어야 한다. 이 테이블에 참여하는 시민, 전문가, 정부, 기업 등 다양한 행위자들은 먼저 논의를 하거나 결정을 내릴 수 있는 의사규칙을 정해야 한다. 만약 기존의 방식대로 계획에 의한 하향식 결정이라면, 이러한 거버넌스 문제는 신경 쓰지 않아도 될 것이다. 그러나 리빙랩에서는 참여자들 간에 최대한 협력적이고 평등한 관계를 유지하면서 어떻게 의사결정규칙을 적절히 만들 수 있는지 항상 고민해야 한다.

만약 이 정책/거버넌스 차원에서 어떤 의사결정규칙이 필요하며 그것을 추진할 수 있는 동력은 무엇인지, 그리고 그것을 방해하는 요인은 무엇인지 등이 파악되었다면, 다음 차례인 기술혁신으로 넘어간다. 목조건물을 고층으로 짓기 위해서는 어떤 기술이 필요하며, 이 기술을 테스트하기 위해 어떤 데이터를 모아야 하고, 기존의 어떤 데이터를 디지털화해야 하는지 등을 파악해야 한다. 그리고 역시 이 과정을 촉진하는 요인과 방해하는 요인을 파악해야 한다. 마찬가지로 시민의 참여는 왜 필요한지, 어떻게 참여해야 하는지, 이러한 목조 건축이 우리에게 가져다주는 비즈니스 기회는 무엇인지, 그것을 누가 촉진시키는지, 마지막으로 이 과정에서 의식 제고를 위한 교육과 학습의 개선을 누가 촉진할 것이고, 방해물은 무엇인지도 파악해야 한다.

이렇게 종합적이고 기본적인 파악이 끝나면 목조 빌딩 건축을 위한 리빙랩 실험이 곳곳에서 진행된다. 실험은 한 도시 내에서도 각 지역이나 참여자들의 조건과 필요에 맞게 다양하게 설계될 수 있다. 실험의 목적 또한 크게는 탄소중립이지만, 보다 구체적으로는 좀 더 다양하게 설정될 수 있다. 어떤 실험에서는 순환경제를 넘어 바이오경제의 실현가능성을 모색하는 것에 초점을 맞출 수 있고, 또 다른 실험에서는 실험 지역의 특성상 재해나 사고를 막는 데 초점을 둘 수 있을 것이다. 그러나 어떤 것에 초점을 맞추든 간에, 유럽 도시들이 탄소중립을 실천하는 과정에서 리빙랩 실험을 중요하게 생각하는 이유는 보다 정의롭고 포용적인 탄소중립, 그리고 각 로컬의 필요와 특성을 고려한 로컬화된 탄소중립, 그리고 가치를 창출하는 탄소중립을 추진하기 때문이다.

유럽의 탄소중립 도시 네트워크의 예

네트워크	웹 주소
Carbon Neutral Cities Alliance	https://carbonneutralcities.org/
Viable Cities	https://en.viablecities.se/
Net Zero Cities	https://netzerocities.eu/
Resilient Cities Network	https://resilientcitiesnetwork.org/
EIT-Climate KIC	https://www.climate-kic.org/

유럽 탄소중립에서 리빙랩의 역할은 개개 도시에서의 실천에 그치지 않고, 도시 간의 연대와 협력으로 발전해왔다. 위의 표는 유럽 도시들이 만들어낸 대표적인 탄소중립 네트워크들이다. 이들은 비록 리빙랩이 아니라 탄소중립에 초점을 두었지만, 네트워크 활동을 통해 서로의 경험과 노하우를 공유하고 협력 기회를 모색한다. 또한 과거의 도시 간 환경연대와 달리 기업, 대학 등 공적이고 사적인 다양한 행위자들이 회원으로 가입해서 탄소중립에 관한 도시의 과

제를 보다 역동적으로 접근할 수 있는 네트워크를 만들고 있다. 이들 중 유럽 도시만을 대상으로 하는 조직이 아닌 것들도 있지만, 이러한 현상은 다분히 유럽적이다. 유럽, 특히 에너지 전환을 달성한 유럽이 상향식이고 포용적이며 분권화된, 그리고 실험에 근거한 탄소중립의 실천 및 네트워크화를 선도하고 있는 것이다.

유럽 리빙랩의 특징

　　이상에서 살펴본 바와 같이 유럽 도시들은 전 세계에 서 리빙랩 활동을 선도하고 있다. 이들은 이러한 활동을 좀 더 체계 적으로 공유하고 확산하기 위해 2000년대 중반에 유럽리빙랩 네트 워크(European Network of Living Lab, ENoLL)를 결성하기도 했다. 오늘날 미국이나 한국 등 많은 국가의 여러 지역에서 리빙랩 활동이 진행되 고 있고, 아프리카와 동남아시아의 개도국에도 리빙랩이 확산되고 있다. 이 과정은 일종의 유럽적 원형(European origin), 그리고 비유럽 의 변형(non-European diversion)이라고 할 수 있다. 따라서 먼저 유럽 적 원형이 무엇인지를 아는 것이 중요하다. 그런데 사실 앞서 설명 한 리빙랩의 기본 특징들을 유럽 리빙랩은 대체로 잘 실현하고 있 기 때문에 새롭게 설명할 필요는 없다. 다만 약간의 구체적인 사례를 가지고 요약 설명하자면 다음과 같다.

　유럽 리빙랩의 기본 실천 단위는 도시, 즉 로컬이다. 이것이 아마도 가장 기본적인 첫 번째 특징일 것이다. 이 로컬에서는 다양한 행위자들이 리빙랩에 참여하는데, 이들이 서로 만날 수 있는 놀이터가 있다는 것이 아마도 두 번째로 중요한 특징이 될 것이다. 이 놀이터는 보통 온라인 플랫폼(예를 들어 홈페이지 등)의 형태로 운영되고 있는데, 이 플랫폼에서 일반 시민들과 전문가들, 그리고 이러한 프로젝트에 관심이 있거나 투자하고자 하는 정부나 기업들이 만나게 된다. 예를 들어 암스테르담의 경우, 리빙랩 활동을 조직하고 설계하며 또한 이러한 플랫폼 역할을 하고 있는 조직이 3개가 있다. 첫째는 Amsterdam Smart City(ASC)인데, 실제 활동가들과 주민, 그리고 대학의 전문가들이 만나는 플랫폼 역할을 가장 잘 수행하고 있다. 주민이든, 전문가든 홈페이지에 나와 있는 다양한 리빙랩 프로젝트 혹은 구상(기초적인 아이디어 수준)에 대해 댓글을 달아 자신의 의견을 제시할 수 있고 참여 의사를 표시할 수 있다. 둘째는 Amsterdam Institute for Advanced Metropolitan Solutions(AMS Institute)이다. 이 조직은 주로 연구기관으로서 리빙랩 실험에 참여하고 있는데, 델프트 공과대학(Delft University of Technology) 등 대학과 연계를 맺고 있다. 셋째는 Marineterrein Amsterdam Living Lab(MALL)이다. 이 조직 역시 기획되고 있거나 진행되고 있는 다양한 리빙랩 프로젝트를 소개하고, 참여자를 모집하며, 의견을 수렴하는 플랫폼을 운영하고 있다. 이러한 세 조직의 홈페이지에서는 많은 리빙랩 사례와 아이디어를 접할 수 있다.

　유럽 리빙랩의 세 번째 특징은 대학의 역할이다. 대학 그리고 대학 부설 연구소는 지역에서 거의 유일한 지식 및 기술 공급 기관이다. 즉 전문성을 갖춘 인재들이 있는 곳으로, 이 인재들은 리빙랩 활동에 있어서 필수적이다. 리빙랩 프로젝트가 구체적으로 기획되면, 주민들이 가진 문제를 해결하기 위한 실험을 설계하는데, 이 과정에서 전문가들의 참여 부분을 유럽에서는 주로 대학과 연구소가 담당하고 있다. 이들은 주로 연구 및 개발 목적으로 참여하며, 이를 위한 예산을 별도로 마련한다. 아마도 이 점이 유럽 리빙랩의 네 번째 특징과 연결된다. 즉 리빙랩 프로젝트를 실행하기 위한 예산이 다양한 통로로 마련된다는 것이다. 때로는 지방정부가 지원하는 프로젝트인 경우도 있고, 때로는 기업이 투자하는 경우도 있다. 대학 역시 연구비를 수주해서 프로젝트에 참여하는데, 이 경우 리빙랩 실험의 결과로서 기술이나 상품이 개발되는 것을 기대한다. 반대로 아무리 리빙랩 프로젝트가 잘 기획되었고 지역의 문제를 해결할 수 있는 솔루션이 도출된다고 해도, 많은 예산이 투입되어야 하는 해결책이라면 실제 추진하지 않고 다른 해결책을 모색하는 경우도 많다. 즉 유럽 리빙랩은 공익적 측면과 가치의 창출이라는 측면을 동시에 고려한다. 가치의 창출, 즉 특허의 출원이나 창업 등은 리빙랩에 참여하는 사적 행위자들(private actors)에게는 매우 큰 유인이 된다.

　예를 들어 암스테르담에서는 신데렐라 프로젝트라는 리빙랩 실험을 진행하고 있다. 이 실험은 공공 화장실에서 발생하는 소변을 정화해서 비료로 만들어 식물에 영양을 공급하는 메커니즘을 만들어 보는 것이다. 시민들은 공원의 나무들이 영양분 부족 상태임을 알게 되었고, 이 문제를 제기했다. 대학의 전문가들은 공원에 화장실을 짓고 화장실에서 나오는 소변을 이용해서 나무에 영양분을 공급하는 방식으로 문제를 해결하는 아이디어를 내게 되었다. 이후 이들은 앞서 언급한 플랫폼에서 이 프로젝트를 소개하고, 자기들보다 더 좋은 아이디어가 있는 사람, 여기에 투자하고 싶은 사람, 실험에 참여하고 싶은 사람 등이 자유롭게 버튼을 클릭해서 의견을 제시하고 프로젝트에 연결될 수 있도록 했다. 실험 기획 자체도 100퍼센트 완성해서 시행하는 것이 아니라, 기본 아이디어만을 가지고 더 많은 아이디어를 공모하는 것이다. 그리고 연구비와 실험비도 미리 확보한 상태에서 리빙랩 기획을 하는 것이 아니라 예산 지원 자체도 공개적으로 공론화해서 모집한다.

지금까지 유럽 리빙랩의 특징을 ① 도시 중심의 리빙랩, ② 시민과 전문가가 만날 수 있는 플랫폼의 운영, ③ 대학 교수 및 연구원 등 전문가들의 역할(즉 대학의 역할), ④ 가치의 창출 등 크게 네 가지로 설명했다. 다음 장에서는 이러한 특징이 한국의 리빙랩에서는 어떻게 나타나는지 혹은 변형되는지를 살펴볼 것이다.

정치연구총서 02

3장
한국의 리빙랩

도입 및 확산

한국에서 리빙랩은 2010년대 초반에 과학기술의 문제해결능력과 수용성을 높이기 위해 정부, 특히 과학기술정보통신부 사업의 일환으로 본격적으로 시도되었다. 이후 행정안전부나 산업통상자원부, 그리고 국토교통부 등 정부의 다른 부서들 역시 리빙랩 사업을 운영하기 시작했다. 한국의 리빙랩은 도입단계뿐 아니라 이후 전개과정에서도 정부의 역할이 컸다. 현재도 한국의 대다수 리빙랩은 정부의 공모사업의 형태로 추진되고 있거나 직간접적으로 정부(특히 중앙정부)와 밀접한 관련을 맺고 있다. 리빙랩의 실행뿐 아니라 이에 대한 연구를 주도해온 대표적인 기관 중 하나도 정부 산하 연구기관인 과학기술정책연구원이다. 따라서 한국은 일종의 국가 주도 리빙랩 사례라고 할 수 있다. 중앙정부의 이러한 드라

이브는 곧 지방정부에까지 영향을 미쳐 서울, 부산, 경남, 전남, 대구, 울산 등 광역자치단체에서도 똑같은 방식으로 리빙랩 공모사업을 시작했다. 정부 기관들이 주도하다 보니 리빙랩의 확산 역시 조직적으로 이루어졌다. 한국에서는 2013년에 처음으로 리빙랩을 본격적으로 시작했는데, 2017년 3월에 한국 리빙랩 네트워크(KNoLL)라는 전국조직이 탄생했고, 비슷한 시기에 광역자치단체별로 지역 리빙랩 네트워크가 결성되었다. 그리고 대학들이 연합하는 대학 리빙랩 네트워크 역시 같은 시기에 결성되었다.

한국 리빙랩은 초창기의 북촌, 성대골, 대전 갑천 등 몇몇 상징적인 사례들을 시작으로 해서 단기간에 급속도로 확산되어, 현재는 전국에서 일어나는 리빙랩 활동을 일일이 확인할 수 없을 정도이다. 앞에서 본 바와 같이 유럽의 경우 순환경제를 달성하고 기후변화에 대응해서 탄소중립을 실천하고 더 나아가 지속가능하고 회복탄력성이 높은 도시로의 전환을 위해 리빙랩이 시도되었다면, 한국의 리빙랩은 정부가 주도한 사업이자 혁신운동이라고 할 수 있다. 이 운동은 일종의 정부 주도 사회혁신 캠페인과 유사한데, 운동의 목표는 특정한 주제가 있는 것이 아니고 일반적으로 기술혁신을 통해 광범위한 사회문제를 해결해보는 것이다. 그리고 유럽에 비해 사업성이나 수익성보다는 공익성에 좀 더 무게를 두고 있는 것으로 보인다.

북촌 리빙랩은 한국 최초의 리빙랩 프로젝트 중 하나이다. 2010년대 초반, 북촌 한옥마을은 서울시가 자랑하는 대표적인 관광지였고, 특히 한류의 힘이 커지면서 관광객의 수가 폭발적으로 증가하고 있었다. 이러한 관광객의 폭증은 당연히 소음, 주차, 쓰레기 문제를 일으켰고, 주민들이 이로 인해 매우 심각하게 문제를 제기하게 되었다. 한편 상인들은 상권이 더욱 체계적으로 활성화되기를 원했으며, 관광객들은 더 정확하고 편리한 안내서비스의 제공 등 관광시스템 개선의 필요성을 주장했다. 이러한 복합적인 문제들을 해결하기 위해 중앙정부(미래창조과학부)는 2014년 북촌지역을 사물인터넷 시범지역으로 설정하고, 사물인터넷을 설치해 앞서 제기된 다양한 문제들의 해결책을 모색했다. 이를 위해 중앙정부, 서울시, 종로구청, 주민대표, 기업체, 전문가들이 모여 조직을 결성하고, 주민의 적극적인 참여에 의해 문제를 다시 체계적으로 진단하고, 지능형 CCTV 및 공공 Wi-Fi 보급을 통해 보다 전문적인 기술적 해결이 가능할 수 있는 기반을 마련했다. 이러한 기반하에서 많은 아이디어가 도출되었는데, 예를 들어 만약 관광객이 지정된 쓰레기통에 재활용 쓰레기를 버리면 센서가 이를 인식해서 지역 내 상점에서 사용할 수 있는 포인트를 지급해주는 스마트 쓰레기통과 같은 아이디어를 도출해서 실험할 수 있었다.

북촌과 달리, 성대골 사례는 완전한 하향식이 아니라 주민들이 좀 더 자발적으로 리빙랩을 기획했고 매우 적극적으로 참여했다는 점에서 의의가 있다. 이것은 성대골이 리빙랩 활동을 하기 이전에 이미 에너지 문제를 중심으로 그들이 마을이라고 부르는 "시민사회", 즉 공동체가 형성되어 있었고, 에너지 자립을 추진하기 위한 다양한 실험과 활동을 전개하고 있었기 때문이었다. 따라서 한국에서는 일종의 예외적인 사례라고 할 수 있다. 이들은 주민이 주도해서 전문가들과의 토론과 협력을 통해 결국 태양열 온풍기와 태양열 온수기 도입 사업 등을 기획하게 되었다. 사실 앞 장에서 언급한 바와 같이 에너지 전환은 국가 차원에서 보다 근본적인 개혁이 필요한 사안이기 때문에 특정 지역에서의 에너지 전환은 사실상 제한적인 의미만을 가질 수밖에 없다. 그러나 이러한 리빙랩 실험을 통해 주민들이 에너지 문제에 대한 인식 수준을 높이고, 에너지 시스템 자체의 전환은 아니더라도 재생에너지의 보급 확대를 통해 부분적이나마 자체적인 전환의 시도를 했다는 점에서 의의가 있다. 다만 이렇게 공동체가 형성되어 있는 경우에도 정부의 지원을 통해 리빙랩 실험과 사업이 가능했다는 점은 기억할 필요가 있다. 성대골은 리빙랩 실험을 하기 전에 이미 서울시의 에너지 자립마을 사업에 선정되어 본격적으로 에너지에 관련된 실험과 사업을 진행했고, 2015년에는 서울시의 민간단체 공익활동 지원사업의 지원을 받기도 했다.

이러한 초기 사례와 더불어 한국 리빙랩에서 대표적인 성공 사례 중 하나로 자주 소개되고 있는 것이 독산 4동 주차 문제해결 사례이다. 이 지역의 문제는 만성적인 주차난과 이로 인한 불법주차 증가와 교통 혼잡이었다. 이를 해결하기 위한 리빙랩 실험은 2016년 당시 서울시가 주최한 리빙랩 공모전에 이 지역에서 조직된 리빙랩 실험팀이 선정되면서 시작되었다. 실험팀은 주민센터 직원들의 주도로 '독산 4동 행복주차주민위원회'라는 이름으로 조직되었고, 서울시의 재정 지원으로 정해진 100일간의 실험을 수행했다. 이 실험

팀, 즉 위원회가 주목한 것은 10년 넘게 지속되어 왔던 거주자 우선 주차구역제도였다. 이 제도는 거주자에게 우선권을 주는 장점이 있는 반면, 거주자가 사용하지 않는 대부분의 낮 시간대에는 이 구역들이 비어 있음에도 불구하고 다른 사람들이 이용하지 못한다는 경직성의 문제가 있었다. 따라서 거주자 우선 주차구역을 배정받은 주민을 설득해서 낮 시간대에 사용하지 않는 주차공간을 동네에서 일정한 규칙을 정하고 설비를 갖추어 운영하게 하는 실험을 진행했다. 또한 거주자 우선 주차구역을 배정받은 사람들도 개인 단독 공간이 아니라 그들끼리 유연하게 공간을 공유하는 제도를 실험해 보기도 했다. 이 과정에서 실험을 주도했던 몇몇 활동가들의 헌신적인 노력, 그리고 각 단위 지방정부와 주민들 간의 협력과 소통이 중요한 역할을 했다. 이 사례에서는 주차구역마다 차량감지센서를 부착하고, 골목 입구에 전광판을 설치해서 새로 진입하려는 차량에게 주차공간이 얼마나 남아 있는지의 정보를 제공함으로써 혼잡을 막는 실험도 전개되었다. 그러나 이 사례는 혁신적 과학기술의 적용을 통한 문제해결이라는 측면보다는 주민들 간의 이해관계를 조정하고 타협하는, 즉 분쟁을 해결하는 과정으로서의 성격이 더 컸다고 할 수 있다.

이후 리빙랩 사례는 전국에서 급격히 확대되었는데, 이 과정에서 정부 주도 각종 공모사업이 큰 역할을 했다. 즉 정부 각 부처가 리빙랩 활동과 연구에 관련된 각종 사업을 기획하고 예산을 편성해서 리빙랩을 활성화한 것이다. 우선 기본적으로 리빙랩 활동 그 자체를 공모하는 사업, 즉 사회혁신 혹은 지역문제해결 공모사업 등이 시행되었고, 여기에서 더 나아가 도시재생사업, 도시재생뉴딜사업, 캠퍼스/타운 챌린지 사업, 그리고 스마트시티 건설 사업 등에서도 리빙랩 요소를 필수 요소로 추가해서 실제 사업 수행 과정에서 리빙랩을 통한 주민참여를 활성화하도록 장려했다. 이러다 보니 이러한 사업을 수주해야 하는 지방정부, 대학, 기업, 그리고 이와 관련된 컨설팅 회사나 중간지원조직들도 리빙랩에 관심을 가지고 적극 추진하기 시작했다. 물론 이 과정에서 리빙랩의 원래 취지인 사용자 주도의 문제해결이나 주민과 다른 행위자들이 함께 만들어가는 혁신 등의 원칙이 존중되기보다는 정부 사업을 평가하는 평가 항목 중 하나로 간주되는 경우도 많았다. 그러나 최소한 사업에 참여하는 주체들이 리빙랩이 무엇이고, 이것을 정부사업에서 왜 강조하는지에 대한 이해는 높아졌다고 할 수 있다.

주민의 다양한 역할

리빙랩에 참여하는 주민, 즉 사용자는 다양한 역할을 수행한다. 앞서 언급한 대로 리빙랩의 가장 큰 특징은 사용자가 전문가들과 함께 협력해서 혁신을 이루어낸다는 점일 것이다. 물론 가장 이상적인 공동 창조는 이러한 주민의 참여와 협력이 리빙랩의 전 단계에서 발생하는 것이다. 앞서 이야기한 대로 리빙랩의 전 과정을 크게 ① 실험 전, ② 실험, ③ 실험 후의 세 단계로 나눌 수 있다면, 각 단계에서 주민의 역할은 다음 표와 같다. 첫 번째로 실험 전에 주민들은 문제를 진단하고 제기하며 이 과정에서 그들이 가지고 있는 정보를 제공하고 자문 역할을 하기도 한다. 또한 솔루션을 모색하는 과정에도 적극 참여해서, 전문가들이 주도하는 솔루션이 지역의 상황에 적합한지 등에 대한 의견을 제시한다. 두 번째로 실험 과정에서는 주민들이 실험 설계와 진행에 적극 참여해서 실험이 지역 주민의 이해와 요구에 맞게 전개될 수 있도록 하며, 시제품을 제작하고 이를 문제에 적용하는 과정 역시 함께 한다. 세 번째로 실험 후에는 주민들이 실험 결과를 가지고 특허를 출원하거나 창업을 시도할 수 있고, 지역의 다른 문제를 가지고 다른 리빙랩 실험을 구상할 수 있다. 또한 실험 결과 얻어진 혁신을 지자체에 법이나 정책으로 만들도록 건의할 수 있다.

리빙랩에서 주민의 역할

주민의 역할/단계	실험 전	실험	실험 후
주민의 참여	문제의 제기/진단 정보의 제공/자문 솔루션의 모색	실험 설계와 진행 시제품의 제작 문제에의 적용	특허 출원, 창업 또 다른 실험의 계획 정책으로의 전환

그러나 실제 국내외의 리빙랩 사례들을 보면, 이렇게 이상적으로 처음부터 끝까지 주민이 적극적이고 철저히 참여하지 않는 경우도 많다. 리빙랩은 일반적인 시민운동이나 옹호단체의 활동과는 달리, 정부의 정책을 촉구하고 요구하기보다는 자체적인 실험을 통해 문제를 해결하고 혁신을 이루어내는 성격의 활동이기 때문에 주민의 자발성과 참여가 필수적이다. 그러나 그만큼 문제해결을 위해 학문적, 기술적 전문성, 그리고 혁신적인 아이디어의 창출이 필요하기 때문에 주민과 전문가가 적절한 형태의 협력 관계를 만들어내야 하고, 이 과정에서 발생하는 상호작용(즉 정치)을 최대한 민주적이고 포

용적으로 만들어야 한다. 이 과정은 사실 매우 세심한 기획과 협조가 필요하다. 즉 앞서 언급한 '실험의 정치'가 실험의 성패를 좌우한다. 실험의 정치는 이들이 다루고자 하는 문제의 성격이나 범위, 그리고 난이도 등에 영향을 받기도 하고, 솔루션이 얼마나 기술 의존적인지, 전문성이 높은지 등도 역시 중요하다.

국내에서 진행되어 온 다양한 리빙랩 사례들을 살펴보면, 주민의 참여는 대체로 다음의 세 종류로 분류될 수 있을 것이다. 첫째는 제한적 참여이다. 이 경우는 주민들이 최소한의 참여만으로 리빙랩 활동에 개입하는 것인데, 주로 솔루션으로 개발된 시제품을 체험하고 이에 대한 의견과 자문을 제공하는 역할이다. 예를 들어 성남 고령친화종합체육관(2021년부터 성남 시니어산업혁신센터로 개명됨)이 운영하는 한국시니어리빙랩의 경우, 2016년에 설립된 이후 고령친화 제품의 설계와 제작과정에서 실제 노인들의 의견을 듣고, 이들이 시제품을 체험하게 해서 이들의 의견을 반영한다. 이후 이 사업은 체험관이라는 공간적 한계를 넘어서 2019년부터 지역사회 연계 시니어 리빙랩 시범서비스 사업을 추진하기도 하고, 시니어들로 구성된 평가단을 운영하기도 한다.

이와 비슷하게 앞서 소개한 대로 전라남도 나주시에서는 2020년에 치매 노인의 야간 배회로 인한 부상이나 더 큰 사고의 위험을 막기 위해 노인의 위치파악이 가능한 비콘을 제작해서 노인들에게 휴대하게 하고, 이들의 동작을 감지하는 스캐너를 마을 주요 출입구에 설치하는 실험을 실행했다. 만약 치매를 앓고 있는 노인이 야간에 배회를 하다가 마을을 벗어나게 되면 스캐너에 감지가 되어 지방정부의 담당 부서 혹은 가족에게 알림서비스를 제공한다. 이 실험에서는 사용자에 해당하는 마을 노인들이 설계된 실험에서 제시된 솔루션을 체험해보는 역할을 했다. 물론 이들이 고령이기 때문에 실험의 기획이나 설계 단계에서 큰 역할을 하기에는 한계를 가질 수밖에 없다. 이처럼 사용자, 즉 주민이 리빙랩 실험 설계 과정에서 의견을 제시하거나 조언을 하고 또 실험 과정에 참여해서 제작된 시제품을 체험하는 역할을 하는 경우를 제한적 참여라고 할 수 있다.

둘째는 문제를 제기하고 이에 대한 의견을 제시해서 여론을 조성하는 역할의 참여이다. 즉 주민들이 실험 전 그들이 가지고 있는 문제를 진단하고 설정하는 리빙랩 전 과정의 가장 첫 번째 단계에서 중요한 역할을 하는 것이다. 그리고 경우에 따라서는 솔루션을 구상하고, 제안하는 과정에 참여하기도 한다. 주민들이 문제를 제기하기 위해서는 소통의 장이 필요하다. 즉 누구나 자기 의견을 제시하고 아이디어를 낼 수 있는 개방형 플랫폼이 운영되어야 한다. 국내에서 이러한 플랫폼을 매우 훌륭히 운영하는 사례 중 하나는 제주도의 '가치더함'이다.

가치더함 홈페이지를 통해 제주도 주민들은 문제를 제기하고, 이에 대한 기술 기반 솔루션을 모색한다. 제안자는 문제를 제기하는 경우도 있고, 문제를 해결하기 위한 솔루션까지 제시하는 경우도 있다. 제안자는 개인이기도 하고, 특정 지역 주민들의 모임일 수도

제주의 가치더함 홈페이지

출처: https://www.jejudsi.kr/index.htm

있으며, 개인이라고 하더라도 전문가들과의 협력을 통해 솔루션을 준비해서 제시하는 경우도 있다. 주민이 의견을 제안해서 이 의견이 일정 기간 동안 일정 수의 공감표를 얻을 경우 '스스로해결단'이 조직되어 솔루션을 모색한다. 여기서 제안된 솔루션이 또다시 일정 수의 공감표를 얻게 되면 실제 리빙랩 프로젝트가 추진되는데 여기에는 세 가지 방식이 있다. 첫째는 클라우드 펀딩 방식으로 실험에 필요한 자원을 확보해서 실험을 진행하는 것이다. 둘째는 적절한 사업 주체를 모집해서 공공사업의 형태로 실험을 진행하는 것이다. 셋째는 지방정부, 즉 이 경우 제주특별자치도의 관련 부서에 이 혁신 계획을 제안하고 도정부의 정책으로 추진할 수 있도록 하는 것이다.

가치더함은 2019년에 프로젝트를 시작한 이래 많은 혁신적인 실험 프로젝트를 성공적으로 수행했다. 이 과정에서 주민들은 문제를

우리 동네가 실험실이 된다면?

제기하고 솔루션을 제안할 뿐 아니라 이에 대한 의견을 제시해서 여론을 형성하는 역할을 한다. 여기서 가장 중요한 것은 물론 개방형 플랫폼이 있어야 한다는 점이다. 그리고 더 중요한 것은 주민들의 의견제시가 기존의 국민청원이나 주민청원처럼 정부에게 뭔가를 '해달라고' 요구하는 것이 아니라는 점이다. 즉 민원을 제기해서 행정적 처리를 요청하는 것이 아니라 문제를 제기한 주민들이 스스로 해결책을 적극적으로 모색하며, 이 과정에서 다른 주민들이 다양한 의견과 아이디어를 더하고 힘을 합치는 과정이 리빙랩 제안이다.

셋째는 리빙랩의 전 과정에 능동적으로 관여하는 적극적 참여이다. 주민들은 문제를 제기하고 솔루션을 모색하며, 제안된 솔루션에 기반을 둔 실험을 직접 기획하고 실행한다. 주민들은 특히 실험 활동에 적극적으로 참여해서 이 과정에서 발생하는 문제점을 파악하고 이를 조정하며 서로 다른 능력과 역할을 가진 다양한 행위자들과의 조율과 협력을 시도한다. 국내에서 이에 해당하는 대표적인 예는 2022년까지 시민참여단을 운영했던 '스마트시티 시흥리빙랩'이다. 시흥리빙랩은 매번 일정 수의 시민참여단을 모집해서 이들이 리빙랩의 주요 과정(문제 제기, 실험 기획, 시제품 제작, 시제품 적용 등)을 주도해서 활동하는 방식으로 리빙랩 프로젝트를 수행한다. 여기서 주민은 말 그대로 적극적 참여자이다. 그들은 실험 전 단계와 실험 단계에서 71페이지 표에서 제시한 중요한 역할을 수행한다. 다만 실험 후에 이들의 역할은 상대적으로 크지 않다. 시흥시의 경우처럼 참여단을 모집하는 것은 참여자의 자발성에 기초를 둔 방식이기 때문에 매우 중요하다. 물론 중간지원조직이나 지방정부 혹은 다양한 지역 활동가들이 이들의 자발성에 많은 긍정적 영향을 미친다.

한국 리빙랩에서 주민의 역할

주민의 역할/단계	실험 전	실험	실험 후
소극적 참여		O	
문제 제기/여론조성	O		
적극적 참여	O	O	

이상과 같은 세 가지 유형의 주민 참여가 표에 요약되어 있다. 먼저 소극적 참여의 경우 실험이 진행되는 과정에서 주민이 참여해서 제작된 시제품을 체험하고 이에 대한 의견을 개진하는 역할을 하되, 대체로 실험 전 그리고 실험 과정에서도 실험의 기획이라는 면에서는 참여가 제한적이다. 그리고 실험 후 역시 참여가 없다. 둘째, 문제 제기 및 여론조성의 경우 실험 과정보다는 실험 전 문제 제기 단계에서 주민들의 의견 제시가 중요한 역할을 한다. 또한 경우에 따라서는 솔루션의 모색 과정에서도 주민의 의견이 반영된다. 그리고 문제를 제기하거나 솔루션을 제안하는 당사자가 아닌, 다른 주민들이 이에 대한 의견을 덧붙이고 공감 버튼을 눌러 여론을 조성하는 역할을 한다. 그러나 막상 실험 과정이나 실험 후에 참여는 제한적이다. 마지막으로 적극적 참여의 경우 주민들이 실험 전 문제 제기와 솔루션 모색 단계, 그리고 실험의 전 과정에 적극적으로 참

여한다. 다만 실험 후 제도화 및 확산 과정, 그리고 비즈니스 기회의 모색 과정에서의 참여는 제한적이다. 다음 장에서 보게 될 대학 수업 기반 리빙랩의 경우 실험 후 과정에서도 주민(학생)의 참여가 가능하다는 점에서 주목할 만하다.

한국 리빙랩의 특징

　　앞서 살펴본 유럽 도시들의 리빙랩과 달리 한국의 리빙랩은 다음과 같은 특징을 가진다. 첫째, 한국의 리빙랩은 대체로 정부 주도형(중앙 및 지방정부) 사업이다. 지방정부가 주도하는 경우라도 대체로 서울시 등 몇몇 예외적으로 재정자립도가 높은 광역자치단체를 제외하고는 중앙정부 재원에 일정 정도 의존한다. 정부는 리빙랩과 관련된 각종 사업을 발주하고 공모한다. 공모에 선정된 사업팀은 사업의 성격에 맞는 정도의 금액을 지원받고, 이를 바탕으로 정해진 기간 동안 리빙랩 사업을 실행하고 그 성과를 보고해야 한다. 따라서 실행 주체나 선발 주체 양자에서 실패의 가능성이 있는 실험이 선호되지 않는다. 이는 리빙랩의 본래 취지와는 맞지 않는 것이다. 반대로 공모사업 지원자들은 대체로 해당 기간 내에 해당 지원금으로 실행 가능한 주제를 우선적으로 선호할 가능성이 높다.

둘째, 기술혁신이 강조되는 사업과 기술이 수반되지 않는 사업이 양극화되어, 전자의 경우 이미 개발되어 상용화된 기술의 적용이 지나치게 강조되고 후자의 경우 사용자의 참여와 아이디어 개발이 지나치게 강조되는 경향이 있고, 이 둘 간의 적절한 균형이 유지되는 리빙랩 프로젝트가 드물다. 이는 주관하는 정부 부서의 문제는 아니다. 실제로 과기정통부가 국토부나 교육부, 행안부 등 다른 기관과 공동으로 공모사업을 기획하는 경우도 많고 이러한 부처 간 협업 사업들 내에서도 과학기술을 강조하는 사업과 그렇지 않은 사업으로 일반적으로 분리되는 경향이 있다. 과학기술이 강조되는 경우, 아예 사업명에 "과학기술활용"이라는 문구가 포함되는 경우가 많다.

셋째, 대학 자체에서도 리빙랩 활동을 수행하지만 전반적으로 유럽에 비해 리빙랩 프로젝트에서 대학이나 연구소와 같은 지역의 지식/기술 공급기관의 역할이 상대적으로 미비하다. 실제 리빙랩 프로젝트에서 대학이나 연구소 그리고 교수나 연구자가 개발하는 기술을 적용해서 리빙랩 실험을 해보는 경우는 거의 없고, 오히려 기술은 그것을 이미 상용하고 있는 기업에 의해 공급되는 경우가 많다.

넷째, 정부 주도 사업 공모에 도전하는 팀들은 대체로 일반적인 주민이 아닌 경우가 대부분이고, 주민이 참여한다고 해도 지역의 문제가 동기가 되어 참여하는 것이 아니라 사업에의 참여가 먼저 결정되고 문제를 찾는 경우가 많다. 따라서 참여자들의 참여 동기가 불분명하다.

다섯째, 앞서 제주의 가치더함의 사례에서 본 바와 같은 개방형 플랫폼의 역할이 유럽에 비해 아직 다소 미흡하다. 리빙랩 홈페이지에서 주민이 의견을 개진하고 교환하며 토론하고 솔루션을 모색할 수 있는 경우가 아직 많지 않기 때문에 일반 시민들이 리빙랩에 참여할 수 있는 통로가 아직은 제한적이다.

다음의 표들은 최근 약 5~6년 동안 국내에서 진행되어 온 리빙랩 공모사업들의 예를 보여준다. 한국에서는 과기정통부, 행안부, 국토부, 교육부 등 다양한 중앙부처뿐 아니라 각 지자체에서도 많은 리빙랩 공모사업을 추진하고 있기 때문에 1년에 정확히 얼마나 많은 공모사업이 열리는지를 파악하기는 힘들다. 3개의 표에 요약되어 있는 사례, 그리고 다음 장에서 살펴볼 지역 혁신플랫폼의 사례는 한국 리빙랩 공모사업의 특징(기본적인 공통점 그리고 약간의 차별성)을 잘 보여준다.

먼저 '공감e가득사업'은 행정안전부가 주관한 대표적인 리빙랩 공모사업 중 하나로 과학기술(디지털 기술)의 활용이 명시된 사례이다. 일정한 기준에 의한 평가 절차를 거쳐 선정된 실험팀은 대략 2억 원 정도의 예산을 배정받아 7개월 동안 리빙랩의 전 과정을 수행하고, 성과 공유회를 통해 사업 결과를 제출해야 한다. 사업은 행안부에서 주관하되 실제 사업을 실행하는 것은 각 지자체가 담당한다. 그리고 각 사업팀은 스스로해결단을 필수적으로 구성해서 운영해야 하는데 여기에는 지자체, 주민(5명 이상), 그리고 ICT기술 전문가가 반드시 포함되어야 한다. 앞서 소개한 치매노인의 야간 배회문제를 해결하기 위한 전남 나주의 리빙랩 프로젝트도 이 사업의 일환으로 진행되었다.

공감e가득사업

사업명	공감e가득사업(주민 체감형 디지털사회혁신 활성화사업)
사업 성격	DSI(Digital Social Innovation): 디지털 기술을 이용해서 사회문제를 해결함으로써 효율·효과성, 공공 투명성을 증진하는 활동
주관	행정안전부
주최, 공모, 실행	각 지방자치단체
총예산	35억 원
사업 기간	7개월
지원 규모	총 15개 팀 내외
사업 내용	지역의 현안을 디지털 기술을 사용해서 해결·개선할 수 있는 아이디어의 실제적 구현 방안 제시
사업 방법	스스로해결단(지자체+주민 5명 이상+ICT 기술 전문가)을 구성해서 운영함.

다음은 경상남도가 주관한 리빙랩 공모사업으로 기술이 필수적으로 요구되지 않는 생활기반 문제해결 활동이다. 실제 사업의 진행은 도청뿐 아니라 각 시군에서 진행하는데, 총예산은 2억 원이며 팀당 약 2천만 원의 예산을 배정받아 7개월간 리빙랩의 전 과정을 수행하고 성과 공유회로 사업을 마감한다. 이 사업에는 도내 비영리법인, 비영리민간단체, 고유 번호증을 가진 단체가 공모 가능하며, 이들이 아닌 경우 이들을 주관단체로 하는 컨소시엄을 구성해야 한다. 또한 사회혁신 관련 분야의 실무 경험을 가진 전담인력 1

인을 필수적으로 배치해야 한다. 이는 사업이 선정된 후 사업이 중
도 포기되거나 실패하는 것을 막기 위한 조치인 것으로 생각된다.

경남 리빙랩 공모사업

사업명	경남 사회혁신 생활실험(리빙랩) 공모사업
사업 성격	기술을 수반하지 않아도 생활 속의 다양한 문제를 해결하기 위한 창의적인 아이디어를 제시해서 리빙랩 실험을 진행하는 활동
주관	경남도청
주최, 공모, 실행	경남도청, 각 시군
총예산	2억 원(도 1억 원, 시군 1억 원)
사업 기간	7개월
지원 규모	총 10개 팀 내외(팀당 예산 약 2천만 원)
사업 주체	도내 비영리법인, 비영리민간단체, 고유 번호증을 가진 단체이거나 이들이 주관단체가 되어 구성하는 컨소시엄
선정 과정	사업제안서를 제출하기 위해 주최 측에서 사전컨설팅을 제공함. 이를 통해 제안서를 제출하고 발표해서 종합 평가를 실시한 후 선정함.
특이 사항	전담인력 배치 필수: 비영리법인 또는 민간단체 근무경력 2년 이상 또는 사회혁신 관련 분야에서 2년 이상의 업무 경험자

　　마지막으로　교육부가 주관한 사업 중 하나인 '지자체-대학협력
기반 대학혁신사업(이하 대학혁신사업)'의 일환으로 별도로 기획된 리빙
랩 사업이 있다. 대학혁신사업은 지역의 대학들이 기업과 협력해서
특화된 분야의 인재를 양성하고 이들을 기업에 공급해서 지역을 활
성화시키고 대학 교육의 경쟁력을 제고하는 교육부의 사업이다. 이
과정에서 지역의 다양한 대학들이 컨소시엄을 이루어 교육 과정을
공유하기 때문에 이를 공유대학사업으로 부르기도 한다. 본 공모사
업은 대전, 세종, 충남 지역의 대학 혁신사업팀에서 이들이 특화한

모빌리티와 관련해서 지역의 문제를 해결하는 리빙랩 방식의 실험을 진행하는 별도의 팀을 공고하는 것을 주요 내용으로 한다. 각 팀당 약 2천만 원의 예산이 지급되어 4개월의 사업 기간 동안 리빙랩의 전 과정이 실행되고 결과가 보고되어야 한다.

DSC 실행리빙랩 공모사업

사업명	대전, 세종, 충남 실행리빙랩 공모사업
사업 성격	핵심 분야(2022년의 경우 모빌리티ICT, 모빌리티 소재부품장비가 지정 과제임) 기술응용 사회문제해결 프로젝트
주관	교육부 및 한국연구재단
주최, 공모, 실행	대전, 세종, 충남 지역혁신플랫폼 대학교육혁신본부
총예산	10억 원
사업 기간	4개월
지원 규모	50개 팀 선정(팀당 예산 약 2천만 원)
사업 주체	2021년 선정된 대전, 세종, 충남의 지자체–대학협력기반 대학혁신사업에 참여하는 대학의 학생 및 교수, 혁신가, 지자체, 기업 등으로 구성된 사업팀
선정 과정	2021년 선정된 대전, 세종, 충남의 지자체–대학협력기반 대학혁신사업의 주인인 모빌리티를 지정과제로 하고 기타 자유과제(커뮤니티케어, 디지털시티, 도시재생과 순환, 지속가능에너지 등)도 모집함
특이 사항	지자체–대학협력기반 대학혁신사업(공유대학사업)의 일환으로 리빙랩 활동을 수행하는데 이 역시 본 사업과 마찬가지로 공모 형식으로 선정함

　　이상 3개의 공모사업 사례를 통해 한국에서 리빙랩 프로젝트가 어떻게 진행되는지, 그리고 그 특징은 무엇인지를 살펴보았다. 이제 우리가 앞 장에서 살펴본 유럽 리빙랩의 특징을 통해 한국과 유럽의 리빙랩을 비교해볼 것이다. 우리는 앞 장에서 유럽 리빙랩의 특징을 크게 ① 도시 중심의 리빙랩, ② 시민과 전문가가 만날 수 있

는 플랫폼의 운영, ③ 대학 교수 및 연구원 등 전문가들의 역할(즉 대학의 역할), ④ 가치의 창출 등 네 가지로 설명했다. 이를 통해 유럽과 한국을 비교하면 다음과 같다.

첫째, 유럽은 도시 차원에서 리빙랩 활동이 전개된다. 그 이유는 팬데믹, 기후변화, 자원 고갈 등 우리가 직면한 문제를 도시 차원에서 해결하려고 하기 때문이다. 이에 반해 한국에서는 이러한 글로벌 문제를 도시 차원에서 대응하고자 하는 시도는 거의 없다. 예를 들어 한 도시가 팬데믹으로 인해 어떠한 사회경제적, 환경적 피해를 입었는지를 조사하고, 도시의 회복탄력성을 높여 시민들이 팬데믹으로 인한 위기를 극복할 수 있는 방안을 도시 차원에서 실천하는 것이 유럽 도시들의 사례라면, 한국에서는 이러한 사례를 찾기가 매우 힘들 것이다. 물론 한국에서도 각 지자체별로 기후변화 대응 전략을 수립하거나 탄소중립을 실천하기 위한 방안을 모색하고 있다. 그러나 기후변화 및 에너지 정책뿐 아니라 전체적으로 아직도 대부분의 정책이 중앙에서 결정되고 예산도 중앙에서 집행되기 때문에 리빙랩 실험이 물리적으로는 도시에서 진행되기는 하지만, 도시가 주도해서 기획하고 실행하는 리빙랩은 한국에서는 아직까지 흔한 경우가 아니다.

둘째, 유럽에서는 개방형 플랫폼, 즉 놀이터에 해당하는 소통 공간이 중요한 역할을 한다. 이 플랫폼에서 일반인들과 전문가들이 만나서 의견과 아이디어, 지식과 기술이 공유된다면 매우 이상적일 것이다. 물론 유럽에서도 모든 경우가 다 이렇게 이상적으로 진행되지는 않는다. 그러나 기본적으로 유럽 리빙랩의 플랫폼들은 전문가들이 운영하고 있기 때문에 전문가들이 직접 소통에 참여하거나 다른 전문가와 연계하기가 쉽다. 반면 한국은 주민들이 자유롭게 의사를 개진하거나 그에 대한 자기 의견을 보태는 리빙랩을 위한 홈페이지가 있는 경우가 많지 않다. 그리고 홈페이지가 있는 경우라도 전문가들이 여기에 조직적으로 연결되어 있지는 않다. 즉 일반인들과 전문가들이 만날 수 있는 기능을 하는 홈페이지는 거의 없다고 할 수 있다.

셋째, 개방형 플랫폼과 긴밀히 관련된 요인으로 유럽에서는 대학 혹은 연구기관이 리빙랩에서 큰 역할을 한다. 그리고 이들의 역할은 사실상 리빙랩 실험에 있어서 필수적이다. 그러나 한국에서는 리빙랩의 기획이나 실험 진행 과정에서 대학교수나 전문적 지식 및 기술을 가진 연구원이 참여하는 경우는 거의 없다. 한국에서 리빙랩에 참여하는 대학교수나 연구위원 및 전문연구원은 해당 분야의 지식이나 기술을 가진 전문가로서 참여하는 것이 아니라 개인적인 관심이나 이해 혹은 그들이 속한 대학이나 연구기관의 필요 차원에서 참여하는 경우가 거의 대부분이다. 즉 일반인과 전문가가 만나 지식과 기술, 그리고 문제의식을 공유하는 차원에서의 대학의 역할은 아직 미비하다.

넷째, 앞서 언급한 바와 같이 한국 리빙랩은 거의 대부분 공모사업의 형식으로 진행되는데, 공모전은 실험이 끝나는 과정까지만을 평가하고 공유하도록 되어 있고, 실험 후 과정에 대해서는 별다른 요구조건 또는 지원내용이 없다. 따라서 대부분의 리빙랩은 실험이 종료되고 나서 보고회를 가지게 되고, 그 이후 과정은 오로지 실험 참가자들의 재량에 달려 있다. 실험 주제와 내용을 바탕으로 사업 아이템으로 만들거나 지자체의 정책으로 채택되는 경우도 있다. 그러나 이러한 실험 후 과정, 특히 가치 창출이라는 요인이 유럽의 리빙랩에서는 참여자들에게 큰 동기로 작용하는 반면, 한국에서는 그다지 중요한 요인이 아니다. 그 이유는 한국에서는 리빙랩의 참여자들이 경제적 동기보다는 리빙랩 활동이 그들의 삶과 공동체를 변화시키는 긍정적 요인으로 작용할 것이라는 기대 때문에 참여하는 경우가 많기 때문이다(한국의 수많은 리빙랩 공모사업이 실험 후 과정까지도 지원하고 평가하는 방식을 시도한다면 어떤 의미 있는 변화가 있을지는 예상하기 어렵다). 기업 역시 지역사회 공헌의 의미로 리빙랩 활동에 참여하는 경우가 많으며, 그들의 비즈니스를 위한 투자자로서 참여하는 경우가 많지는 않다. 이상과 같은 비교는 아래에 요약되어 있다.

유럽과 한국의 리빙랩 특징 비교

유럽	한국
도시 중심 리빙랩	도시에서 진행되지만 중앙정부 주도 리빙랩
플랫폼의 운영	운영되고 있으나 만남의 장소로의 역할은 제한적
대학의 역할	지식 및 기술공급자로서의 역할은 제한적
가치의 창출	가치 창출이 중요한 요인이 아님

리빙랩

한국 정치와

앞에서 살펴본 바와 같이 유럽과 한국의 리빙랩은 몇 가지 측면에서 차이를 보인다. 이러한 차이를 가져오는 요인은 무엇인가? 이 문제에 대답하기 위해서는 아마도 체계적인 실증 연구가 필요할 것이다. 그러나 그에 앞서 아주 초보적인 진단으로써 이 책에서 우리는 정치적 요인에 주목하고자 한다. 앞서 살펴본 대로 한국 리빙랩은 전반적으로 국가 주도, 그것도 중앙정부 주도 리빙랩이라고 할 수 있다. 이것은 아마도 한국이 경험한 국가 주도 산업화, 그리고 이후 계속되는 국가중심의 사회발전 패턴의 영향일 것으로 보인다. 국가 주도 산업화의 대성공은 한국인들이 경제발전에 있어서 국가, 즉 정부나 정부 리더들의 역할을 지나치게 중요시하거나 신뢰하는 결과를 낳았다. 반면 그러한 국가의 역할이 가능할 수 있었던 국내외적 조건과 다른 행위자들의 역할은 선택적으로 간과되었다. 사실 이것은 국가 주도 산업화를 추진했던 권위주의 정권이 교육 및 각종 선전/홍보 활동을 통해 의도적으로 전파한 것이기도 하다. 그런데 이러한 국가의 역할에 대한 과도한 강조와 신뢰, 그리고 기대는 산업화와 민주화 이후에도 계속되어 왔고, 지금까지도 지속되고 있다. 이렇게 여전히 국가중심 사회인 한국에서 리빙랩 역시 자연스럽게 국가 주도로 도입되어 실행되었을 것이고, 사람들도 이것을 당연하게 받아들였을 것이다.

국가 주도 산업화가 긍정적 측면과 부정적 측면이 있듯이 국가 주도 리빙랩도 장점과 단점이 있을 것이다. 이는 앞서 이미 설명했다. 장점은 무엇보다도 리빙랩이 단기간에 급속도로 활성화되고 전국적으로 확산되었다는 점이다. 즉 양적 성장을 말한다. 단점은 지역과 지역 주민이 원하는 혁신이 아닌 그냥 실험을 위한 실험이 될 가능성이 높다는 것이다. 정부는 매년 리빙랩을 위해 일정한 양의 예산을 투여한다. 일단 예산이 투여되었으면 그 예산은 어떻게든 집행되어야 한다. 즉 리빙랩은 어디서든 어떤 주제로든 반드시 진행되어야 하며, 그 성과가 산출되고 공유되어야 한다. 그런데 이 단점이 리빙랩의 본질을 훼손할 정도의 단점이라면 심각하게 생각해봐야 한다. 리빙랩은 시민이 데이터를 만들고 자발적으로 문제해결을 위해 실험을 기획하고 다양한 행위자들이 협력해서 혁신을 이끌어내는 공동창조의 과정인데, 이 과정이 국가에 의해 기획되고 진행되고 직간접적으로 통제된다면 이것을 정의상 리빙랩이라고 할 수 없을 수도 있다. 한국 리빙랩이 그 본질을 훼손할 정도로 국가 주도인지 역시 정확한 조사와 연구가 필요하다. 사례를 선정하고 리빙랩 참여자들을 인터뷰해서 가령 정부의 예산 집행 가이드라인이 그들이 문제를 선정하고 실험을 기획하는 과정을 어느 정도로 제약하는지 체계적으로 분석해야 한다. 우리가 주위에서 보는 리빙랩 사례들의 경우, 리빙랩 참여자들과 의견을 나눠보면 활동비(실험비) 집행기준상 재량으로 쓸 수 있는 돈이 거의 없다 보니 창의적인 실험을 진행하기가 매우 힘들다는 반응이 대부분이었다.

하나의 희망적인 변화 가능성은 향후 국가 주도가 아닌 민간주도의 리빙랩 혹은 보다 협력적인 리빙랩으로 진화하는 것이다. 우리가 만약 한국 리빙랩의 역사를 도입기, 성장기, 확산기, 성숙기 등으로 나눌 수 있다면, 현재는 아마 확산기에 있다고 볼 수 있을 것이다. 그리고 향후(희망하건데 가까운 미래에) 한국 리빙랩이 성숙기에 들어선다면, 지금과 같은 국가 주도 방식이 아니라 민간이 주도하고 다양한 행위자들이 수평적으로 협력하는 상향식 패턴으로 변화할 수도 있을 것이다. 그러한 변화는 자동적으로 오는 것이 아니므로 변화의 필요성에 대한 자각과 공감, 그리고 구체적인 대안의 모색과 실험 등의 과정이 필요하다. 즉 한국 리빙랩의 혁신에 대한 필요성이 먼저 공감되어야 한다. 그 외에 이러한 변화를 위해서는 좀 더 구조적인 문제들이 해결되어야 하는데, 이는 아래에서 좀 더 논의할 것이다.

더욱 중요한 것은 국가의 역할이 리빙랩에만 국한되는 것이 아니라 리빙랩이라는 혁신 방식이 필요한 분야들인 순환경제, 탄소중립, 그리고 스마트시티 건설 등에서도 나타난다는 점이다. 앞 장에서 살펴보았듯이 유럽에서 리빙랩은 도시의 구성원들이 그 도시를 보다 지속가능하고 회복탄력성이 있도록 만들기 위해 노력하는 과정에서 고안되고 발전했다. 따라서 리빙랩은 도시 차원에서 순환경제나 탄소중립을 실천하는 구체적인 방식이기도 하고, 스마트시티를 설계하는 데 있어서 시민이 참여하는 통로이기도 하다. 그런데 한국에서는 이러한 정책들도 대부분 국가 주도, 특히 중앙정부 주도로 진행된다.

　스마트시티의 경우 대표적으로 세종시와 부산시에서 국가시범도시 사업이 진행 중인데, 비록 정부 예산과 민간 투자의 합작으로 진행된다고 해도 엄연히 정부가 기획한 사업이며, 실제 진행과정에서 리빙랩 역시 개발된 기술이 실증된 이후 주민이 체험하는 과정 정도로 형식적으로 기획되어 있다. 탄소중립이나 순환경제는 중앙정부에서 확실한 정책 추진의지를 보여주고 실제로 본격적으로 실행하지 않는다면, 지방에서의 시도가 일회성 이벤트에 그치거나 시도 자체가 불가능하다. 탄소중립은 앞 장의 유럽 사례에서 보았듯이 중앙정부 차원에서 에너지 전환을 결정하고 실행하지 않으면 지방 차원에서 할 수 있는 것이 별로 없다. 이것은 현재 한국의 지방에서 탄소중립의 구체적인 실천이 지연되는 이유다. 순환경제의 경우 중앙정부가 지난 7~8년 동안 법을 정하고 개정해서 일회용품 사용을 줄이는 등 본격적으로 추진하고 있기는 하지만, 유럽처럼 물질의 이동과 이용, 그리고 폐기물의 발생 등의 전 과정을 파악해서 경제를 활성화하면서도 시스템을 선형에서 순환으로 근본적으로 바꾸려는 시도를 하고 있지는 않다. 따라서 지방에서 일회용 배달용기를 줄이기 위한 공유그릇제도, 지속가능한 제로웨이스트 패션 등 의미 있는 실험과 창업 등이 진행되고 있기는 하지만, 이들이 도시의 시스템 자체를 순환적으로 전환하기 위한 도시 차원의 전략하에서 기획되고 시도되고 있는 것은 아니다.

민주화 이후 한국 시민사회가 성장하고 자율성이 증가했음에도 불구하고, 여전히 기본적으로 한국의 국가는 강한 국가이다. 국가 권력, 특히 중앙정부는 여전히 압도적인 권한을 가지고 있으며, 이를 통해 사회를 그리고 지방을 통제한다. 국가에 대한 사람들의 신뢰도는 낮지만 기대는 높다. 여전히 사람들은 국가가 여러 분야에서 높은 수준의 실행력을 보여주어야 한다고 믿고 있다. 이러한 기대는 민주주의하에서 정치를 긍정적으로 만들기도 하고 반대로 부정적으로 만들기도 할 것이다. 후보자들은 선거라는 경쟁에서 서로 유권자의 이해와 요구를 수용하기 위해 노력할 수도 있고, 반대로 선심성 공약을 남발하면서 국가가 정말 많은 것을 해줄 수 있을 것처럼 선전해서 유권자를 기만할 수 있다. 그러나 어느 경우이든 이것은 사람들을 수동적으로 만든다. 즉, 사람들은 국가에 무언가를 끊임없이 요구하고 기대하지만, 몇 년에 한 번 오는 투표 기회를 제외하고는 그들이 실제로 정치에 참여할 통로는 거의 없다. 즉 일반 사람들과 국가는 여전히 분리되어 있고, 사람들이 능동적으로 정치에 개입할 방법이 거의 없다.

사실 이것은 대의제라는 방식의 정치와 관련이 있다. 대의제, 즉 간접민주주의는 일반 사람들이 직접 정치에 참여하는 것이 아니라 그들의 대표를 뽑아서 대표로 하여금 그들의 이해와 요구를 대변하도록 하는 방식의 정치이다. 따라서 이러한 간접민주주의는 직접민주주의에 비해 일반 사람들의 정치참여가 제한될 수밖에 없다. 만약 리빙랩을 하나의 정치라고 본다면, 그것은 간접민주주의보다는 직접민주주의에 가까울 것이다. 그러나 리빙랩은 국민투표나 주민 발안 혹은 소환과 같은 기존의 직접민주주의보다 훨씬 능동적이고 적극적인 정치일 것이다. 이러한 의미에서 리빙랩은 새로운 정치현상으로 볼 수도 있다. 가장 이상적으로 볼 때 지역에서 지방정부-기업-주민-대학 등이 협력해서 지역의 문제를 스스로 해결하고 이를 제도화하는 경험이 축적된다면 구성원들과 지역 전체의 문제해결능력은 강화될 것이며, 주민 스스로가 보다 적극적으로 공동체의 변화와 발전에 개입하게 될 것이다. 이것은 어떠한 방식으로든 기존 정치에 긍정적 영향을 미치게 될 것이다. 결국 리빙랩이라는 새로운 정치는 기존 정치를 대체할 수는 없지만, 기존 정치에 긍정적 영향을 미치는 역할을 할 가능성은 높다.

그러나 이를 위해서는 앞서 논의한 바와 같이 한국의 리빙랩이 현재의 모습보다 조금 더 시민사회와 지방이 주도하는 자유롭고 유연한 방식으로 변해야 할 것이다. 현재 몇몇 지자체의 의회에서 리빙랩 실행을 위한 조례를 제정하고, 또 지방정부 차원에서 리빙랩을 적극적으로 추진하는 경우도 있지만, 이러한 현상은 여전히 수도권 혹은 광역자치단체의 일부에서 제한적으로 발견된다. 가장 근본적인 변화는 중앙정부의 재정이 투입되는 공모사업과 다른 새로운 메커니즘을 시민사회 혹은 지방정부가 만들어내는 것인데, 역시 당장 문제는 재정일 것이다. 그리고 지방정부가 이러한 혁신을 시도할 의지와 능력이 있는지도 물론 중요하다.

중앙정부가 지정한 금액의 예산과 기간이 아닌 지방에서 리빙랩을 실행할 팀들이 자신들이 관심 있는 자기 지역의 문제의 성격에 맞는 액수의 예산과 실험 기간을 스스로 설정하는 방식으로 리빙랩 실험을 기획한다면, 기존의 방식보다 훨씬 지역에의 기여도 높을 것이고, 실험 후 과정에서 실험 결과가 해당 지방정부의 정책으로 제도화되거나 해당 지역 경제의 활성화에 도움이 될 가능성도 높아질 것이다. 사실 기존의 공모사업 방식의 리빙랩이 중앙정부의 예산이기 때문에 문제가 된 것은 아니다. 누구 돈이냐가 중요한 것이 아니라 지역의 문제와 솔루션에 맞게 예산의 규모와 집행 기간, 그리고 집행 방식이 유연하게 조정될 수 있느냐가 문제인 것이다. 무엇보다도 지방에서 결성되는 리빙랩은 누가 하라고 해서 하는 게 아니라 말 그대로 스스로 하고 싶어서 하는 리빙랩일 가능성이 높다. 당장 지방에서 예산 조달이 불가능하다면, 기존과 같이 중앙의 공모사업에 참여하더라도 앞서 말한 지역주민-지방정부-기업-대학의 리빙랩 연합(living lab coalition)이 먼저 형성되어 상시적으로 지역의 문제를 찾고 공유하며 해결책을 모색하는 과정을 함께 경험한다면 지금보다 발전된 형태의 리빙랩을 볼 수 있을 수도 있다.

　이상에서 보는 바와 같이 리빙랩은 그것이 실행되는 정치적 조건, 즉 민주주의 양상에 따라 영향을 받는다. 물론 민주주의가 아닌 정치 환경하에서도 리빙랩은 충분히 가능할 것이다. 그러나 이에 관한 논의는 일단 이 책에서는 제외하기로 한다. 그리고 민주주의냐 아니냐보다 더 중요한 것은 민주주의라도 어떤 민주주의인가, 즉 민주주의의 구체적인 양상일 것이다. 앞에서 계속 논의했던 양상은 크게 국가가 어느 정도로 정치를 주도하느냐, 그리고 중앙정부가 어느 정도로 권력을 독점하느냐 이렇게 크게 두 가지였다. 즉 국가-시민사회의 대립 축과 중앙정부-지방정부의 대립 축을 통해 정치의 실제 양상을 설명해본다면, 우리나라의 경우 국가중심적이고 중앙정부 중심이었던 과거에 비해 점차로 지방정부의 권한이 강화되고 시민사회의 자율성이 증가하는 방향으로 변화해왔다고 할 수 있다. 그러나 이 변화는 아직도 충분치 않으며 어떻게 보면 1995년 완전한 민선자치 시대가 열린 이후 두 번의 비교적 진보적인 정부와 두 번의 비교적 보수적인 정부의 정권교체를 경험하면서 이러한 변화가 일시 정지된 것 같은 상황이다. 시민사회는 성숙되었지만 시민이 정치에 참여할 통로는 점점 더 줄어들었고, 정치는 대립하면서도 상호 의존하는 두 거대 정치세력(정당)이 독점하게 되었다. 또한 양대 거대정당의 공천권을 통한 지방의 지배는 더욱 공고화되었고, 지방에서 벌어지는 정치는 사실상 중앙의 정치를 거의 그대로 따라 하고 있는 상황이다.

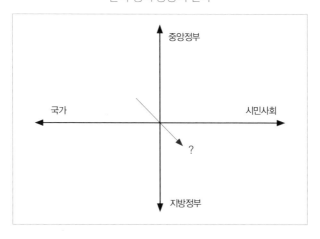

2개의 경쟁적인 정치세력이 있고 이들이 공정한 경합을 통해 권력을 획득한다면, 이들 간의 경쟁은 견제와 균형이라는 측면에서 민주주의의 질을 높이게 될 것이다. 그러나 만약 이 두 정치세력이 지향하는 정치적 이념이나 추구하는 정책이 크게 다르지 않다면, 이것은 소수의 정치엘리트들이 권력을 독점하는 과두제(oligarchy)적인 성격이 더 크다고 할 수 있다. 한국의 두 거대 정당은 겉으로는 매우 극단적으로 대립되는 듯하지만, 사실 추구하는 정책의 방향은 크게 다르지는 않다. 그리고 다르다고 해도 대통령 임기 5년, 그리고 지방자치단체장의 임기 4년 동안 전임자가 정해 놓은 정책 방향을 수정하기가 쉽지 않다. 수정이 된다고 해도 다음 선거에서 정권이 바뀌게 되면 결국 다시 원래대로 돌아가게 되고, 이런 현상이 반복되면 정권에 따라 오른쪽 혹은 왼쪽으로 많이 가는 것 같지만 사실상

크게 변한 것은 없다. 크게 보면 두 거대 정치세력 모두 정치이념의 스펙트럼에서 중간의 어딘가에 위치하고 있는 것이다.

만약 이들이 이러한 적대적 상호의존 관계를 지속하면서 자신들의 권력을 유지하고자 한다면, 이들과 다른 정책노선을 가진 새로운 정치세력이 정치과정에 진입하지 못하게 될 것이다. 이것도 실제 한국 정치에서 벌어지고 있는 일이다. 두 세력 중 좀 더 보수적인 정당은 그렇다 치더라도, 좀 덜 보수적인 정당 역시 선거법 개정에 아주 적극적이지는 않다. 법이 개정되지 않는 한, 소수의 제3정당이 의회에 진입하기란 거의 불가능할 것이고, 따라서 이 두 세력의 지배가 더욱 공고화될 것이다. 최근에는 이와 더불어 사법세력이 정치권력을 차지하는 일까지 벌어졌다. 언뜻 보면 변화를 거부하는 두 거대 정치세력의 권력독점을 견제할 수 있을 것 같지만, 시작부터 이들은 '만약 법을 판단하고 집행하는 사람들이 법을 어겼을 때는 누가 그들을 처벌할 수 있는가'라는 문제를 제기하게 한다.

이러한 한국 정치의 현 상황에서 과연 리빙랩은 하나의 새로운 정치현상으로써 기존 정치를 보완하는 긍정적 에너지가 될 수 있을까? 이러한 한국 정치를 타파하기 위해서는 무엇보다도 일반 사람들이 소수의 정치엘리트들이 만들어내는 혐오와 편견에 현혹되지 않는 것이 중요하다. 리빙랩은 일반 사람들의 문제해결능력을 강화함으로써 그들의 일상생활과 공동체의 운영에 있어서 그들을 더욱 중요하고 능동적인 주체로 만들 수 있다. 또한 리빙랩은 사람들로 하여금 정부와 언론이 (때로는 선택적으로) 제공하는 정보와 데이터에 덜 의존하고, 이들의 판단과 주장에 대해 비판적 시각을 가지도록 하는 능력을 배양할 수 있다. 이것은 물론 가능성이다. 리빙랩이 실제로 이런 기능을 하기 위해서는 리빙랩 프로젝트를 실행할 때 이러한 정치적 의미에 대한 오리엔테이션이 추가되어야 할 것이다. 남으로부터 주어진 판단은 그 "남"이 심지어 아주 높은 수준의 전문가라고 할지라도 절대 무비판적으로 수용하지 말고, 의심하고 비판적 관점에서 수용하는 것이 사회과학의 기본인 것을 감안한다면, 리빙랩이 이러한 사회과학적 관점에서 우리의 공동체와 정치를 비판적으로 바라보고 분석하는 과정과 병행되어야 할 필요가 있을 것이다.

그래도 남는 문제

      하나의 정치 현상으로서 리빙랩이 폐쇄적이고 소모적인 기존 한국 정치에 돌파구를 마련할 수 있다고 하더라도 여전히 남는 중요한 문제가 있는데 그것은 지방소멸위기이다. 앞서 우리가 한국 정치 양상의 변화에서 살펴본 중앙정부-지방정부의 축은 엄밀히 따지자면 더 세분화되어야 한다. 즉 지방 중에서도 수도권과 비수도권의 격차가 크고, 이것이 중앙과 지방의 격차라는 표현보다 더 정확한 표현이 될 것이다. 2021년 수도권 인구는 전체 인구의 50.3퍼센트를 차지해서 절반을 넘게 되었다.* 반면 비수도권의 경우 거의 대부분의 지역에서 인구가 감소되고 있고, 정도의 차

---

* 통계청, 「2021 한국의 사회지표」, https://kostat.go.kr/board.es?mid=a10301010000&bid=10820&act=view&list_no=417424&tag=&nPage=1&ref_bid=

이는 있지만 대부분 소멸위기에 놓여 있다. 아래 그림은 2021년 행정안전부가 지정한 전국 89개의 인구감소지역이다. 이 중 서울, 경기, 인천의 경우는 가평군, 연천군, 강화군, 옹진군 등 네 곳에 불과하다.

따라서 리빙랩 실험을 하더라도 인구가 감소하는 비수도권 지역, 그리고 그중에서도 소멸위험도가 높은 지역의 경우 프로젝트의 초

인구감소지역

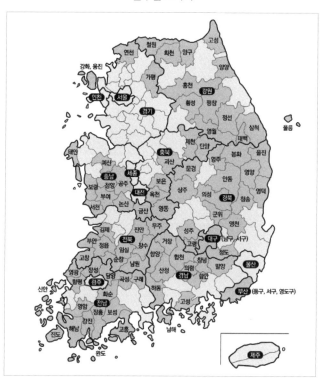

출처: https://www.mois.go.kr/frt/sub/a06/b06/populationDecline/screen.do

점이 지역의 존립 그 자체에 맞춰져야 하는 상황인 것이다. 이런 지역은 다른 많은 문제들이 결국 이 큰 문제에 압도될 수밖에 없기 때문이다. 정부는 정권별로 균형발전을 위해 수많은 정책을 제시해 왔고, 학계에서는 해외, 특히 일본 사례를 중심으로 많은 연구가 진행되었으며 선택과 집중(마강래 2018), 로컬 브랜드의 창출(모종린 2017) 등 많은 훌륭한 아이디어와 대안이 모색되었다. 그러나 여전히 인구 감소와 소멸위기를 극복한 혹은 극복할 가능성이 있는 성공사례가 많이 나오지 않고 있다. 비수도권 내에서도 광역자치단체와 기초자치단체 간의 차이는 매우 크다. 예를 들어 부산-울산-경남 지역도 인구가 감소하고 있지만, 이보다 더 심각한 곳은 경상남북도 대부분의 기초자치단체들이다. 리빙랩은 지역의 문제를 지역 주민들이 주도해서 해결하는 활동인데 그 '지역'이 없어지고 있는 것이다.

앞서 보았듯이 한국 리빙랩의 정부 공모사업은 거의 대부분 광역자치단체 단위로 전개된다. 물론 광역자치단체에서 다시 기초 단위로 분산되지만, 기초에서 수행할 수 없는 규모와 분야의 리빙랩 공모사업도 많고 기초와 성격이 맞지 않는 사업들도 많다. 즉 정책담당자 혹은 전문가들이 리빙랩 공모사업을 기획하고 자문하는 데 있어서 그들이 상상하는 리빙랩 프로젝트의 전형적인 모습은 서울이나 수도권, 그리고 비수도권 대도시의 상황일 것이다. 만약 이러한 상황이 계속된다면 결국 수도권과 비수도권, 그리고 비수도권 내에서도 소멸위험이 더 높은 지역과 그렇지 않은 지역으로 나누어서 리빙랩이 기획되는 것이 현실적으로 더 바람직할 수도 있다. 왜냐하면 이들이 각각 처한 문제의 본질이 매우 다르기 때문이다.

지역소멸의 위기는 지역에 소재한 대학의 위기와 병행해서 나타나는 경우가 많다. 대학 역시 수도권 집중현상을 똑같이 경험하고 있기 때문이다. 그런데 최근에 오히려 리빙랩 또는 지역에서의 대학의 역할은 이러한 대학의 위기를 타개하는 수단으로 강조되고 있고, 정부에서도 지역-산업-대학의 시너지 창출을 위해 많은 지원을 (역시 공모사업을 통해) 하고 있다. 핵심 아이디어는 대학이 지역사회에서 존재 이유를 찾고, 지역에 기여하며, 지역과 시너지를 낼 방안을 모색할 경우 지원을 더 해주겠다는 것이다. 그리고 가장 최근의 정부 발표에 따르면, 이러한 대학과 지자체와의 협력에 있어서 행정적 절차를 간소화하기 위해 지자체에 지역 소재 대학에 대한 권한을 주겠다는 것이다. 사실 이러한 정부와 대학 간의 관계 자체도 미국이나 유럽에서는 보기 힘든 현상이다. 한국의 모든 대학은 정부의 평가와 지원, 그리고 통제를 받고 있다. 정부는 항상 대학이 어떻게 발전해야 하는지, 미래를 전망해서 어떤 유망한 학문을 연구해야 하는지, 그리고 어떤 교육을 해야 하는지에 대한 기본 방향을 제시하고 이에 대한 지원 프로그램을 제시한다. 따라서 대학이 지역사회와 협력해서 그들이 가진 전문지식과 기술을 활용해서 지역사회 발전에 공헌하는 활동 역시 그냥 알아서 하는 것이 아니라 정부가 시켜서 혹은 제안해서 하는 형식이 된다.

그렇다면 대학은 리빙랩이나 지역사회와의 연계활동을 '알아서' 잘 하는가? 이에 대한 대답은 다음 장에서 제시할 것이다. 대학은 소멸위기, 그리고 지역에서의 존재 이유 찾기 등의 문제와 더불어 리빙랩과 관련해서 좀 더 복잡한 내부 문제들을 가지고 있다. 다음 장에서는 대학이 리빙랩 활동을 통해 어떻게 지역과 만날 수 있는 지에 대한 논의를 필자 중 한 명의 경험을 통해 살펴볼 것이다.

4장
대학 수업 기반
리빙랩 활동

소개
연세대학교 리빙랩연구센터

　　연세대학교 리빙랩연구센터(이하 센터)는 2020년 4월 연세대학교 미래캠퍼스(강원도 원주 소재)에 설립되었다. 이 센터의 설립 목적은 원주를 기반으로 하는 리빙랩 활동의 구심점 역할을 하며 원주뿐 아니라 국내 외 다양한 리빙랩 사례들을 축적해서 데이터베이스로써의 역할도 하며, 이러한 데이터를 바탕으로 리빙랩에 대한 연구가 활성화되는 기반을 조성하는 것이다. 센터의 설립은 환경·에너지·기후변화의 국제정치학을 전공하는 필자 중 한 명 개인의 학문적 문제의식에서 시작되었지만, 지역과 대학의 연계와 관련된 사업 실적이 필요했던 학교의 산학 담당 기관과 사업단의 지원에 의해 가능했다.

　　이 센터는 원주에서 리빙랩 활동의 거점 역할을 할 수 있는 개방

106　　　　　　　　　우리 동네가 실험실이 된다면?

연세대학교 리빙랩연구센터 홈페이지

출처: llw.yonsei.ac.kr

형 플랫폼, 즉 앞서 언급한 놀이터가 될 것으로 기대되었다. 따라서 일단 누구든 회원 가입을 하고 로그인을 해서 자기 의견을 제시할 수 있도록 했고, 이에 대한 댓글도 달 수 있도록 홈페이지의 시스템을 마련했다. 그러나 설립 당시 코로나바이러스 감염증 사태가 시작되었고, 또 플랫폼 운영에 필요한 자원 확보를 위한 연구비 수주에 실패하면서 플랫폼이 충분히 홍보되지 못하게 됨에 따라 의견제시 기능은 사실상 활성화되지 못하고 있다. 그 대신 일반시민들보다는 주로 원주에서 리빙랩을 이미 실행하고 있거나 관련된 활동을 하고 있는 많은 중간지원조직들과의 연계를 통해 리빙랩이 무엇인지, 왜 중요한지, 그리고 향후 센터가 어떤 계획을 가지고 있는지 등을 설명하는 방식으로 홍보를 진행했다. 이를 통해 어느 정도 센터의 존재를 원주의 주요 활동가들에게 알릴 수 있었고, 이들과의 협업을 위한 조건을 마련할 수 있었다. 중간 지원조직 중 의미 있는 연계가 이루어진 곳은 원주시 지속가능발전협의회, 원주시 협동조합 사회적네트워크, 무위당학교, 그리고 원주시 및 학성동 도시재생지원센터 등이다.

센터 설립 이후 센터의 리빙랩 활동은 크게 두 가지 형태로 진행되고 있다. 첫째는 일반 시민들의 리빙랩(시민 리빙랩)이고, 다른 하나는 대학 수업을 통한 학생들의 리빙랩(학생 리빙랩)이다. 전자는 일반 시민들이 참여하는 경우인데, 이는 별도의 예산이 필요하고 이를 센터 자체에서 지원할 수 없기 때문에 외부에서 예산이 확보되는 경우 진행된다. 후자의 경우 필자 중 한 명의 국제정치학 전공수업에서 문제중심학습(problem based learning)의 일환으로 학생들이 조별 활동 형식의 리빙랩 실험을 기획하고 발표한다. 그러나 수업에서 실제 실험을 진행하지는 않고 수업이 끝난 후 만약 학생들이 원할 경우 정부의 리빙랩 공모사업에 지원해서, 실험의제로 선정되면 이 사업의 지원을 받아 실제 실험을 진행하게 된다. 지금까지 센터의 리빙랩 활동은 전자보다는 후자가 훨씬 더 많았다. 여기서도 주로 대학수업 기반 리빙랩 활동이 소개되는데, 시민 리빙랩 사례 1개와 학생 리빙랩 사례 5개가 다뤄질 것이다. 그러나 전자의 경우도 향후 언제든 일반 시민들로 구성된 실험 참가자들이 조직되고 예산이 확보된다면, 센터의 참여가 가능하고 실제 프로젝트에 참여하게 될 것이다.

사례
시민 리빙랩

　　　　여기서는 센터가 참여했던 시민 리빙랩의 대표적인 사례로 미세먼지 프로젝트를 소개한다. 이 프로젝트는 2021년 초에 원주시 지속가능발전협의회(이하 협의회)와의 협력을 통해 기획되었고, 사전 준비 과정 및 교육 과정을 거쳐 실제 실험은 2021년 9월부터 12월까지 40여 명의 참가자에 의해 진행되었다. 두 기관은 실험 설계, 준비 과정, 실험 진행, 사후 평가와 분석 등의 전 과정을 주도했다. 협의회는 행사 전체를 기획하고 참여자를 모집하며 예산을 확보하고 집행하는 등의 역할을 했고, 센터는 리빙랩 실험을 설계하고 리빙랩 교육을 실시했으며, 참여자들의 개별 실험 설계를 도와주고 실험 후 평가 및 분석을 담당했다.

　　미세먼지는 보통의 대기오염물질보다 입자가 훨씬 작은 먼지로 입자의 크기를 기준으로 PM10(입자의 지름이 10㎛ 이하인 것)과 PM2.5(입자의 지름이 2.5㎛ 이하인 것)로 나눌 수 있다. 보통 머리카락의 지름이 약 60㎛인 것을 감안하면 사실 매우 작아 눈으로 볼 수 없으며, 인체 깊숙이 침투되어 건강에 큰 문제를 일으킨다. 미세먼지는 원주시가 가진 가장 큰 환경문제이다. 사실 원주시뿐 아니라 전체 영서지방이 지형의 영향으로 인해 미세먼지 평균농도가 타 지역에 비해 높다. 또한 원주시 미세먼지의 최소한 절반 이상은 타 지역에서 유입되는 것으로 추정되며, 중국에서 이동하는 물질들도 일정 정도를 차지한다. 따라서 이는 원주시 자체로 해결할 수 없는 일종의 구조적인 난제이다. 이러한 문제의 특성으로 인해 협의회와 센터는 문제 자체의 해결을 위한 리빙랩이 아니라 참여자들이 각자가 처한 조건하에서 미세먼지 문제에 어떻게 대응할 수 있는지에 대한 솔루션을 도출하는 리빙랩 프로젝트를 기획했다. 이 과정에서 또한 주최측은 원주시의 미세먼지 데이터가 부정확—측정소가 3곳에 불과하며 높이도 적절하지 않음—하기 때문에 실험 참가자들이 직접 자신이 원하는 시간과 장소에서 미세먼지를 측정해서, 이를 바탕으로 대응전략을 마련하도록 하는 실험을 설계했다. 그리고 이 프로젝트의 이름을 "만약 내게 미세먼지 측정기가 주어진다면?"으로 정했다.

　프로젝트는 다음과 같이 진행되었다. 먼저 2021년 7월에 세 차례의 특강으로 사전 교육을 실시했다. 교육 대상은 미세먼지 문제에 관심이 있는 원주 시민, 원주 시청 직원, 그리고 중·고등학생 및 대학생들이었다. 교육 내용은 리빙랩에 대한 설명, 미세먼지에 대학 의학적 정보, 원주 미세먼지의 심각성 등이었다. 교육 완료 후 실험 참가를 희망하는 40명의 참가자를 최종 확정해서 1차 모임을 진행했다. 1차 모임에서는 "내게 만일 미세먼지 측정기가 주어진다면?"이라는 주제로 조별 토론을 해서, 각자 미세먼지에 관해 어떤 관심이 있으며 언제 어디서 왜 미세먼지를 측정하고 싶은지에 대해 발표했고, 전문가들이 이에 대한 의견을 제시했다. 이 토론을 바탕으로 참가자들은 1차로 개인별 실험계획서를 제출했고, 전문가들이 이 계획서에 검토 의견을 제시했다. 참가자들은 이 검토 의견을 반영해서 실험계획서를 수정해 2차 계획서를 제출했다. 제출된 40여 개의 실험계획서가 최종 승인되어 측정기가 지급되고 실험이 진행되었으며, 12월 초까지 모든 실험이 마감되었고 실험 결과를 공유하고 토론하는 발표회를 끝으로 모든 실험 절차가 종료되었다.

실험 참여자들은 자신이 평소 궁금했던 사항들을 위주로 실험을 기획했다. 예를 들어 자신이 평소 다니는 산책 코스의 시간대별 미세먼지 농도를 측정해서 비교한 경우가 있었다. 이 경우 같은 코스라도 미세먼지 농도가 가장 낮은 시간대를 산책 시간으로 선택한다는 대안을 마련할 수 있었다. 또한 같은 아파트 단지 내 2개 놀이터의 미세먼지 농도 측정 및 비교, 실내에서 공기정화에 좋다는 식물이 있을 때와 없을 때의 미세먼지 농도 비교, 아파트 층수별 미세먼지 농도 비교 등의 실험들을 진행했고, 자신의 직장이나 자신의 아이들이 다니는 학교 체육관, 자신이 이용하는 공공시설의 미세먼지

미세먼지 측정의 예

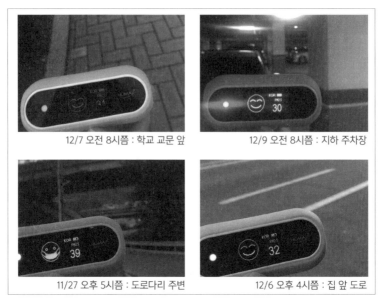

12/7 오전 8시쯤 : 학교 교문 앞	12/9 오전 8시쯤 : 지하 주차장
11/27 오후 5시쯤 : 도로다리 주변	12/6 오후 4시쯤 : 집 앞 도로

출처: 『지역사회 기반 시민참여형 미세먼지 사회문제 해결단 리빙랩 보고서』(2021.12. 원주지속가능발전 협의회)

농도가 어느 정도인지 등을 측정한 사례들도 많았다. 운영진은 실험 참여자들을 대상으로 실험 후 설문조사를 진행했다. 설문에서는 거의 대부분의 응답자가 하나의 사회혁신 방식으로 리빙랩에 대해 긍정적인 생각을 갖게 되었으며, 향후에 다시 이러한 리빙랩 기회가 주어진다면 적극 참여하겠다고 응답했다.

이 실험은 정확한 측정이 아닐 수 있다는 점에서 한계를 가진다. 우선 측정기가 전문가용이 아니고 누구나 구입할 수 있는 기기이기 때문에 부정확할 수 있다. 따라서 실험 참가자들이 많은 변수들

　　　　　　　　　　　　　우리 동네가 실험실이 된다면?

을 통제하면서 반복해서 충분한 기간을 두고 체계적으로 측정을 하고, 그 값을 비교해야 하는 상황이었다. 그러나 운영진은 개개 실험 참가자들이 실제로 측정을 어떻게 하고 있는지에 대해서는 일일이 체크하지 않았다. 그럼에도 불구하고 이 실험은 이러한 한계보다는 참가자들이 직접 문제해결과정을 경험하면서 '이렇게 하면 되는구나'라는 자신감을 얻고, 지역의 문제를 능동적으로 해결할 수 있는 가능성을 깨닫게 되었다는 의미가 더 크다. 비록 미세먼지 문제 자체를 해결할 수는 없지만, 이 실험을 통해 각자 자신의 삶 속에서 미세먼지 문제에 어떻게 최대한 적절히 대응할 수 있는지에 대한 일정 정도의 힌트를 얻게 되었다.

또한 이 실험의 중요성은 시민과학에 있다. 시민들이 직접 데이터를 만들어 보는 경험을 함으로써 리빙랩의 가장 중요한 요소 중 하나인 시민과학을 직접 체험한 것이다. 더군다나 기존 데이터가 부정확하고 측정소의 위치와 높이 등이 개선이 되어야 하는 상황이라면, 이렇게 시민들이 직접 자신이 필요한 데이터를 만드는 작업은 더욱 의미가 있을 것이다. 비록 그것이 정확한 측정은 아니었을 수 있지만, 실험 후 평가워크숍을 통해 향후 보다 엄밀하고 체계적인 측정을 위해서는 어떤 점이 개선되어야 하는지를 토론함으로써 참여자들이 이 문제에 대해 정확히 이해할 수 있었다.

사례

학생 리빙랩

　　수업 기반 리빙랩은 대학 전공 수업에서 조별 활동 형식으로 리빙랩 프로젝트를 기획해보는 것이다. 이것은 기존의 리빙랩처럼 지역의 문제를 주민 스스로 해결하려는 기본적인 목적 외에, 전공 수업에서 문제해결 활동을 통해 전공학습의 효과성을 높이고 학생들의 창의력과 문제해결능력을 고양하려는 추가적인 목적이 있다. 필자 중 한 명은 2019년 2학기부터 연세대학교 국제관계학과에서 〈리빙랩과 사회혁신〉, 〈자원환경과 국제관계〉, 〈개발협력의 글로벌 거버넌스〉 등의 수업에서 조별 활동을 통해 리빙랩 실험을 기획하도록 교육하고 있다. 〈리빙랩과 사회혁신〉은 리빙랩만을 위해 따로 개설한 수업으로 전반부에는 민주주의의 이념과 원리, 그리고 다양한 양상의 민주주의를 배우고, 후반부에는 실제 지역에서 학생들이 문제를 찾고 그에 대한 솔루션을 모색하는 리빙랩 실험을 기획하는 활동을 한다. 〈자원환경과 국제관계〉는 지구환경 정치학 수업으로 이 수업에서는 주로 환경, 에너지, 기후변화 등과 직간접적으로 관련된 주제로 국한해서 리빙랩 실험을 기획하고 있다. 그리고 〈개발협력의 글로벌 거버넌스〉는 국제개발협력에 관한 수업으로 이 수업에서는 학생들이 원주 지역에서 문제를 찾고 솔루션을 모색하는 활동이 한국이 관여하는 국제개발협력사업의 사업지(수원국의 원조사업지역)에 어떤 함의가 있는지를 염두에 두면서 리빙랩 실험을 기획한다.

수업 기반 리빙랩은 116페이지 그림에서 보는 바와 같이 크게 세 단계로 구성된다. 첫 번째는 수업 중에 학생들이 원주 지역의 문제를 찾고 이를 해결하기 위한 솔루션을 모색하는 단계이다. 그리고 이러한 아이디어를 바탕으로 리빙랩 실험을 기획한다. 그러나 실제 실험은 수업에서 진행하지 않는다. 학생들은 수업 시작 전에 강의계획서를 통해 수업에서 리빙랩 활동이 있을 것임을 미리 안내받는다. 또한 수업이 시작되고 나서 수강변경 기간 전까지 리빙랩이란 무엇이며, 이 수업에서 왜 리빙랩 프로젝트를 진행하는지에 대한 충분한 설명을 듣는다.

두 번째는 수업 종료 이후 실제 실험을 진행하는 단계이다. 수업과 해당 학기가 끝나고 나면 학생들은 그들이 원할 경우 매년 6월경에 열리는 지역혁신플랫폼에 참여한다. 이 대회는 행정안전부가 주최하고 각 지자체의 담당 기관이 주관하는 리빙랩 경진대회로 마침 시기적으로 1학기가 끝나가는 시점에 예선 격에 해당하는 오픈 테이블이 시작되기 때문에 수업과 자연스럽게 연계된다. 해에 따라서는 오픈 테이블이 조금 일찍 시작하기도 하는데, 이 경우 역시 수업에서 편성된 조가 원할 경우 참여해서 포럼의 일정을 소화하고, 수업에서의 조별활동도 동시에 진행한다. 만약 이 포럼에서 최종적으로 의제로 선정되면, 일정한 금액의 실험비를 지원받고 보통 100일 동안의 실험을 하게 된다. 실험이 끝나고 나면 성과 공유회를 열고 활동을 종료한다.

수업 기반 리빙랩 모형

1		2		3
수업 중 활동	⇨	수업 종료 이후	⇨	실험 종료 이후
⇩		⇩		⇩
문제 진단		문제에 적용		특허 출원, 창업
⇩		⇩		⇩
솔루션 모색		의제 선정 및 실험 진행		확산(타 주제 실험)
⇩		⇩		⇩
실험 설계		시제품 제작 및 실험 종료		창업 동아리 등록

세 번째는 실험 종료 이후 단계로 학생들이 만약 실험 과정에서 개발된 아이디어로 특허를 신청하거나 예비 사회적 기업을 창업하고자 할 때 대학의 산학담당 기관의 도움으로 그러한 절차를 밟게 된다. 또한 비슷한 실험을 다른 주제를 가지고 계속해보고 싶을 경우, 대학의 교내 창업동아리로 등록되어 대학 당국의 지원을 받아

실험을 계속 진행하기도 한다.

1. 마스크 재활용 프로젝트

마스크 재활용 프로젝트는 2019년 2학기 전공수업인 〈자원환경과 국제관계〉를 수강했던 학생들이 2020년 7월에 개최된 지역혁신플랫폼(강원혁신포럼)에 참가하게 되면서 기획되었다. 학생들이 수업에서 원래 구상했던 프로젝트는 마스크가 아닌 다른 주제였는데, 2020년 코로나바이러스 감염증 사태가 시작되면서 급증했던 마스크 폐기물에 주목하게 되었다. 당시 이미 한국에서 하루에 버려지는 마스크가 2천만 개 정도로 추정되었고, 인구 약 35만 명인 원주시에서도 하루에 약 15만 개 이상의 마스크가 폐기되고 있었다. 마스크는 플라스틱의 일종인 폴리프로필렌(PP)으로 구성되어 있어 마스크 폐기물이 매립되면 분해되는 데 최소한 400년 이상이 걸리며 소각될 때 다이옥신 등 발암물질이 배출된다.

학생들은 먼저 이와 같은 문제의 심각성을 인식하고 수업시간에 배운 4R의 틀을 통해 이 문제에 접근했다. 118페이지 표에서 보는 바와 같이 자원순환을 위한 방법은 크게 네 가지가 있고, 이들이 각각 생산 단계 혹은 소비 단계에서 실천될 수 있다. 먼저 생산-감축은 자본의 논리에 의한 과잉생산을 줄이고 공급자 위주의 경제를 수요자 위주의 경제로 바꾸는 것이다. 소비-감축은 소비자가 소비를 줄여서 자원의 활용과 폐기를 줄이는 것이다. 다음으로 생산-재사용은 생산 단계에서 재사용에 용이하도록 제품을 생산하는 것—예를 들면 제조사가 달라도 호환되는 초록색 소주병 등—이고, 소비-재사용은 소비자가 소비 후 재사용을 위해 분리수거하는 것이다. 생산-재활용 역시 생산 단계에서 재활용에 용이하도록 유리나 플라스틱 제품을 단일 성분 제품으로 만든다든지 아니면 색을 통일한다든지, 라벨을 부착하지 않는다든지 등의 방법을 사용하는 것이고, 소비-재활용은 소비자들이 재활용/새 활용을 위해 분리수거를 하거나 직접 시도하는 것이다. 마지막으로 자원회수는 재사용이나 재활용이 불가능한 자원을 소각하고, 그 과정에서 발생하는 열을 회수해서 에너지로 활용하는 것이다. 전 세계적으로 생산되었지만 한 번도 소비된 적이 없는 의류 새 상품이 소각되는 양이 급증하고 있다. 따라서 유럽에서는 한 번도 소비되지 않은 새 상품의 폐기를 금지하는 법안이 만들어지기도 했다.

자원순환의 4R

구분	감축(reduce)	재사용(reuse)	재활용(recycle)	회수(recover)
생산				
소비				

결국 4R의 모든 과정에서 중요한 것은 소비보다는 생산이다. 그중에서도 근본적인 것은 생산 자체의 감축일 것이다. 그러나 마스크의 경우 팬데믹 초기였던 2020년 7월 당시로서는 생산 및 소비의 감축 자체가 불가능했다. 오히려 마스크에 대한 수요가 폭증해

서 사람들이 약국에 신원을 밝히고 일정량만 구매할 수 있던 시기였다. 따라서 생산/소비 감축을 통해 폐기물을 줄이는 방법이 불가능해서 마스크를 재활용해 사회에서 꼭 필요한 물품을 생산해보고, 이러한 활동을 통해 마스크를 넘어서 일회용 배달용기 제품 등 전반적인 플라스틱 폐기물 증가 문제를 여론화하고자 했다. 초기 기획 단계에서는 애견 배변패드나 청소기 필터 등으로 재활용하는 아이디어가 나왔지만, 마스크에 대한 재질과 공정에 관해 자세히 알게되면서 일단 PP팰릿(플레이크 형태)으로 가공해서 다양한 제품을 만들기로 했다.

마스크 재활용의 단계들

그림에서 보는 바와 같이 마스크 재활용은 크게 6단계를 거친다. 첫 번째 단계는 폐마스크를 수거하는 것이다. 처음에는 수거가 매우 용이할 것으로 생각되었다. 학생들은 아파트 단지 엘리베이터 입구나 적절한 곳에 마스크 수거함을 설치하면 쉽게 수거할 수 있다고 생각했으나, 수거함의 설치를 허용한 아파트 단지가 거의 없었다. 입주민들이 혹시 있을 수 있는 방역상의 문제를 우려했기 때문이다. 따라서 교내 각 건물 그리고 이 프로젝트를 지원했던 원주시내 공공기관 사옥에 수거함을 설치했다. 수거함 역시 처음에는

간단히 만들었지만, 나중에는 안전한 수거를 위한 키트를 제작해서 비치했고, 수거와 동시에 살균이 될 수 있는 살균수거함을 제작해 보기도 했다. 두 번째 단계는 방역이다. 수거된 마스크 중 색이 있거나 훼손되어 재활용이 불가능한 것을 골라낸 후 전문 방역 업체에 맡겨 방역작업을 진행했으며, 그래도 혹시 있을 수 있는 세균에 대비하기 위해 일주일간 보관함에 보관했다. 세 번째 단계는 귀 끈과 노즈 와이어를 분리하는 것이다. 이 작업은 원주시에 거주하는 발달장애인들이 일정한 보수를 받고 수행했다. 분리된 마스크 몸체는 공장으로 보내져서 펠릿으로 가공되었다. 이 과정 역시 순탄하지 않았다. 학생들이 마스크를 수거하고 방역하는 데 시간이 오래 걸리다 보니, 많은 양을 한꺼번에 수거하지 못해 작은 양을 받아주는 업체가 거의 없었다.[*] 따라서 나중에는 업체에서 마스크를 생산하고 나서 버려지는 자투리 천을 재활용하기도 했다. 이렇게 해서 만들어 진 펠릿으로 제품을 생산하기 위해서는 금형을 먼저 제작해야 하는데 처음에는 기존에 이미 만들어진 금형을 이용하기로 했다. 그렇게 해서 최초로 제작된 물품이 터치 프리 키(tough free key) 등 장애인들이 문을 열거나 엘리베이터 버튼을 누를 때 사용하는 물품이었다. 그리고 이를 다시 분리작업에 참여했던 장애인들이 속한 발달장애인 주간보호를 담당하는 협동조합에 기증했다.

이후 학생들은 강원혁신포럼의 100일간의 실험 기간이 종료된

---

[*] 김세인 기자, 「썩으려면 450년, 버려진 마스크가 '할아버지 돋보기 안경'으로」, 〈한국일보〉, 2022년 2월 19일자 기사. https://m.hankookilbo.com/News/Read/A2022021617100003964

마스크를 재활용해서 만든 팝톡과 안경테

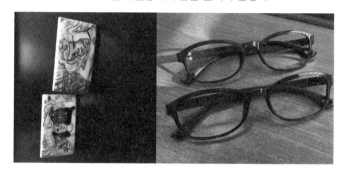

후에도 창업동아리로 등록(동아리명은 마스크 두 잇)하고 인원을 재정비해서 활동을 계속했다. 먼저 귀 끈과 노즈 와이어 분리를 담당했던 장애인들이 주거하는 지역인 학성동 도시재생지역과 연계해서 장애인들이 그린 그림으로 팝톡을 만들고, 이러한 아이템들로 전시회를 열기도 했으며, 안경회사와 협업해서 안경테를 만들어 보기도 했다. 안경테의 경우 특히 건강, 안전 문제 등으로 인해 현행 규정 상 PP재질로 안경테를 만드는 것이 불가능해서 몇 단계의 안전 실험을 거쳐야 했고, 이러한 실험을 협업한 회사의 연구소 등에서 도와주었다. 제작된 안경테로 각 도수에 맞는 돋보기 안경을 제작해 원주시에 기부해서 노인들에게 전달되었다. 이는 특히 코로나바이러스로 인해 노인들이 은행이나 동사무소 등 공공기관에 비치된 돋보기 안경의 사용을 꺼려 했던 상황에서 도움이 되었다.[*]

마스크 재활용 프로젝트는 센터의 초기 활동 사례 중 하나임과

---

[*] 「하루 2천만 장 폐기…"마스크 녹여 안경으로 재탄생"」, 〈채널A 뉴스〉, https://www.dailymotion.com/video/x87o93i

동시에 지금까지도 가장 널리 알려져 센터의 간판 프로그램이 되었다. 학생들은 수업과 수업 종료 이후의 실제 활동을 통해 리빙랩의 중요성과 효용을 이해하고 체험하게 되었으며, 급증하는 플라스틱 폐기물 문제와 같은 글로벌 차원의 문제들이 로컬에서 창의적으로 다루어지고 개선될 수 있음을 알게 되었다. 이 실험을 통해 1학기 수업에서 이론을 배우고 리빙랩 실험을 기획하고, 수업 종료 이후 원하는 학생들에 한해 지역혁신플랫폼에 참여해서 실제 실험을 진행할 기회를 모색하는 수업 기반 리빙랩 패턴이 만들어졌고, 이후 지금까지도 센터는 이 포맷을 계속 사용하고 있다.

2. 노인 우울증 개선 프로젝트

이 프로젝트는 2021년 1학기에 진행된 전공 수업인 〈리빙랩과 사회혁신〉 과목에서 형성된 리빙랩 프로젝트팀 중 하나가 수업 종료 이후 수업에서 만든 아이디어를 가지고 강원혁신포럼에 참여해서 의제로 선정된 사례이다. 수업을 진행하고 리빙랩 프로젝트가 시작되면서, 학생들이 직면한 가장 큰 어려움은 원주 지역에 대한 이해가 너무 낮고 적절한 문제를 찾기가 너무 힘들다는 것이었다. 이는 원주가 집인 학생들과 그렇지 않은 학생들 모두에게 해당되는 문제였다. 수업에서는 원주의 각 분야 활동가들을 특강 강사로 초빙해서 원주 지역의 여러 현황을 학생들에게 소개했고, 또 문제를 찾기 어려울 경우 각자 자기가 살고 있는 지역에 어떤 문제가 있는지를 먼저 생각해보고 그 문제가 원주에도 있는지를 확인해보도록 했다. 그러나 학생들에게 부족했던 것은 원주에 대한 이해가 아니라 자기가 살고 있는 동네와 공동체에 대한 관심이었다. 당시 100퍼센트 비대면 실시간 수업을 해야 하는 상황에서도 우리는 이 문제에 대응하기 위해 학생들과 함께 연세대학교 미래캠퍼스가 참여하고 있었던 학성동 도시재생지원센터를 방문해서 지역에 대한 설명을 듣고 동네를 둘러볼 수 있는 기회를 마련하기도 했다.

이 경험을 통해 우리는 학생들의 창의력과 문제해결능력을 배양하고자 하는 목적 이전에 학생들이 지역에 대해 관심을 가지고 지역의 문제를 찾는 능력을 배양하는 것이 더 중요하다는 것을 깨닫게 되었다. 따라서 이후 수업에서는 리빙랩을 통한 문제해결학습의 중요한 목적 중 하나가 이렇게 로컬에서 발견되는 문제의 글로벌 맥락을 이해하고, 글로벌 문제를 로컬에서 해결하는 과정의 중요성을 이해하는 것임을 더욱 분명히 했고, 문제를 찾는 능력, 즉 사회를 비판적으로 바라보고 문제에 공감할 수 있는 능력의 배양 역시 이 활동의 중요한 목적 중 하나임을 강조하게 되었다. 학생들이 문제를 찾는 것에 어려움을 겪을 때, 사용한 방법 중 하나는 신문기사를 검색해서 하나를 선정한 뒤 보여주는 것이다. 예를 들어 2018년부터 2021년까지 4년 동안 서울시 스쿨존(어린이 보호구역) 중 두 건 이상 교통사고가 발생한 곳(초등학교 앞)이 25개이다.[*] 강사는 신문기사

---

[*] 최영권 · 김지예 기자, 「최근 4년간 어린이 교통사고 2회 이상 서울 스쿨존 25곳…사망은 4곳」, 《서울신문》, 2022년 12월 19일자 기사. https://www.seoul.co.kr/news/newsView.php?id=20221219500195

를 학생들에게 보여주고, 원주에도 이런 사례가 있는지를 조사하도록 권하기도 했다.

원주의 학성동에는 다른 지역과 마찬가지로 노인들이 많이 살고 있다. 이들이 독거노인인지 아닌지는 사실상 별로 중요하지 않다. 부부가 같이 사는 경우는 혼자 사는 경우보다 훨씬 더 안정적이지만, 결국 자식 세대들과 분리되어 노인들끼리 살아간다는 점이 본질적인 모습이었다. 학생들은 노인들이 자식 세대들과 소통하는 것을 중요하게 생각한다는 점에 주목해서, 소통의 부족으로 인한 이들의 우울감을 문제로 진단했다. 그리고 원주시가 그림책 도시로서 특화되어 있다는 점을 활용해서, 일주일에 한 번씩 자원봉사자들이 노인들을 찾아가 그들의 삶을 그림으로 그려드리고, 이 그림을 파일로 만들어 자식들 혹은 가족들에게 전송하는 서비스를 제공한 후, 이들의 우울증이 개선되는지를 확인해보는 실험을 기획하게 되었다. 그리고 가족이 없는 경우는 시민가족을 매칭해드리기로 했다.

그러나 실제 학생들의 아이디어 창출 과정은 위와 같이 전개된 것이 아니었다. 이 아이디어가 만들어지게 된 출발점은 노인의 우울감이 아니라 협동조합 활동을 통해 그림책 문화가 활성화된 원주시의 특성이었다. 학생들은 그림책 도시로서의 원주에 주목해서, 그림책 협동조합의 참여를 통해 리빙랩 활동을 기획할 방안을 모색했다. 그리고 이와 연관해서 미술치료에 대해 간단한 조사를 하게 되었고, 결국 노인 우울증 문제와 그림을 연결시키게 되었다. 그 후 원주시의 노인 우울증에 관한 기존 데이터를 수집하고, 이 주제로 오랫동안 지역에서 활동해온 활동가를 만나 조언을 얻기도 했다. 이렇게 학생들이 문제를 찾는 과정은 문제에서부터 시작하지 않는 경우도 많고, 또 여러 가지 가능성을 두고 탐색을 하다가 엉뚱한 문제를 탐색하게 되는 경우도 많다.

노인들의 작품들로 만든 굿즈

　프로젝트는 다음과 같은 방식으로 진행되었다. 먼저 학생들은 노인들에게 일주일에 한 번씩 찾아가 노인들의 일주일간 삶의 내용을 적절한 그림으로 표현해줄 자원봉사자를 모집했다. 모집된 사람들은 2회에 걸쳐 지역의 그림책 관련 협동조합 전문가들의 도움을 받아 그림 교육을 받았다. 이후 학생들은 학성동을 중심으로 실험

에 참여할 노인들을 모집했고, 모집된 노인들을 대상으로 노인 우울증 키트를 사용해서 우울증 정도를 진단했다. 이후 자원봉사자들이 정기적으로 노인들을 방문해서 그림을 그렸는데, 방문 첫 주부터 대부분의 노인들이 함께 그림 그리기를 원해서 결국 노인들이 주로 그림을 그리고, 자원봉사자들은 보조적인 역할을 하는 식으로 실험 내용이 변경되었다. 한 달간의 활동을 마치고 실험 참가 노인들의 우울증 정도를 다시 측정해보니 약간 개선되었음을 확인할 수 있었다. 노인들은 그림 그리는 활동 자체를 매우 의미 있고 즐겁게 받아들였고, 생활의 활기가 생기고 가족 및 주변사람들과의 새로운 소통거리가 되어 기쁘다고 했다. 실험 종료 후 학생들은 노인들이 그린 그림을 이용해서 그림에서 보는 것과 같은 굿즈를 제작해서 노인들과 그 가족들에게 무료로 배포하기도 했다. 또한 지역 소재 공공기관에서 노인들의 그림전시회를 개최하기도 했고, 이를 통해 노인 우울증 문제에 대한 캠페인을 진행하기도 했다.

이 프로젝트에서는 프로젝트의 전과 후를 비교해서 그림을 그리는 활동이 노인의 우울감을 극복하는 데 도움이 됨을 밝혔지만, 사실 실험 전과 실험 후의 우울증 수치가 아주 급격하게 개선되지는 않았고 약간 개선되는 데 그쳤다. 이는 실험 시작 시점에서 참가자들의 평균 우울증 수치가 아주 낮지 않았기 때문이었다. 그러나 강원혁신포럼이 제시한 100일간의 실험 일정에 맞추기 위해 새롭게 참가 노인을 모집할 수 없었던 한계가 있었다. 그럼에도 불구하고 실험을 통해 이와 같은 그림 그리기 활동이 노인의 정신건강에 긍정적인 영향을 미친다는 것을 확인했고, 이와 같은 솔루션이 만약 제도화될 경우—예를 들어 시정부의 자원봉사 프로그램으로 정착된다든지— 긍정적인 효과를 거둘 수 있음을 증명해 보였다는 데서 큰 의의가 있는 실험이었다.

3. 우산 수리 프로젝트

이 프로젝트는 2022년 1학기에 개설된 전공 수업인 〈개발협력의 글로벌 거버넌스〉에서 기획된 2개의 프로젝트 중 하나였다. 이 수업에서는 앞의 다른 수업과 마찬가지로 학생들이 학교가 위치하고 있고, 자신들이 학생으로 지금 살고 있는 원주 지역의 문제를 진단하고, 이를 해결하는 솔루션을 모색해보는 전형적인 리빙랩 프로젝트를 진행했다. 그러나 목적은 앞의 다른 과목과는 약간 달랐다. 이 수업에서 리빙랩 프로젝트를 기획하게 된 것은 국제개발협력 수업에서 제한된 지식과 정보만을 가지고 협력대상국을 이해하는 기존의 방식이 아니라, 우리 지역의 문제를 통해 상대방을 이해해보고, 또 이 과정에서 글로벌 문제가 어떻게 각 로컬이 처한 조건에 맞게 상이하게 접근되어야 하는지를 이해해보고자 하는 추가적인 목적 때문이었다. 물론 첫 시도였기 때문에 이러한 목적이 모두 달성되지는 못했지만, 학생들은 이 프로젝트의 문제의식을 확실히 이해했고, 자신들의 프로젝트가 특정 개도국—이 수업에서는 베트남이나 네팔 등 동남아 국가들을 대상으로 함—에서 어떻게 진행될지를 파악하면서 한국과 상대국과의 차별성을 비교해서 상대국을 이해하는 것의 중요성을 인식하게 되었다.

이 프로젝트 초기에 학생들이 주목했던 것 중 하나는 분리수거 문제였다. 어떻게 하면 분리수거를 지금보다 더 잘할 수 있을지 생각하다가 분리가 어려운 품목으로 우산을 떠올리게 되었다. 우산은 나일론, 알루미늄, 플라스틱 등 서로 다른 여러 재질로 혼합되어 있고, 이들의 분리 자체가 어렵다. 그러나 대부분의 지역에서 규정상 우산을 분리수거할 때는 이들 구성요소들을 적절히 분리해서 각각에 해당하는 재활용 수거함에 넣어야 한다. 그러나 실제로 대개의 경우 사람들은 우산을 '그냥' 버리거나 아예 버리지 않는다. 학생들은 우산을 수리해서 새것으로 만들어 낮은 가격으로 편의점에서 재판매를 하면, 점차 우산 생산 자체가 줄어들 것이고 이 방법이 우산 폐기물을 줄일 수 있는 가장 적절한 방법이라고 생각하게 되어 우산을 수리하는 프로젝트를 기획하게 되었다.

다른 프로젝트와 마찬가지로 이 프로젝트 역시 수업이 종료된 후 강원혁신포럼에 참가해서 의제로 선정되어 예산 지원을 통해 100일간의 실험을 진행했다. 먼저 학생들은 신문기사를 통해 한 해에 한국에서 버려지는 우산이 약 4천만 개로 추정된다는 사실을 알게 되었다. 그렇다면 4천만 개의 우산이 버려질 경우 이들이 토양을 얼마나 오염시키고, 소각할 경우 다이옥신 등 어떤 문제가 있는지를 외국의 사례를 통해 조사했다. 그리고 만약 연간 4천만 개의 절반에 해당하는 2천만 개의 우산 생산을 줄일 경우, 어느 정도 이산화탄소 배출을 절감할 수 있는지 등에 대해서도 조사하고 탐구했다. 이후 우산을 수리할 수 있는 전문가를 섭외했는데, 이 부분이 이 프로젝트에서 가장 힘든 난관이었다. 원주에서 우산수리업에 종사하는 사람을 찾기가 너무 힘들었고, 결국 수소문 끝에 이미 은퇴하신 분을 섭외해서 한 달의 기간 동안 60개의 우산을 수리할 수 있었다. 우산의 수거는 예상대로 큰 문제가 없었다. 우리가 생각하는 것처럼 집집마다 고장 난 우산이 최소한 1~2개 정도는 있었다.[*]

학생들은 원래 계획대로 수리된 우산을 편의점에서 저렴한 가격으로 판매하는 것까지 실행해보고자 했으나, 예산을 지원했던 강원혁신포럼 측에서 이러한 일종의 수익사업이 불가능하다는 판단을 내렸고, 따라서 판매가 아닌 교내 공유 우산으로 활용하는 것으로 실험을 일부 변경했다. 실험 결과는 예상대로 성공이었다. 만약 고장 난 우산을 쉽게 고칠 수 있다면 새 우산을 사지 않아도 되고, 이렇게 되면 자원순환경제를 실천하는 적절한 방안이 될 수 있을 것이다.

실험 진행 과정에서 학생들이 느낀 가장 인상적이었던 점은 역시 우산 수리를 담당하는 전문인력을 구하기가 힘들었다는 사실이다. 그리고 이 문제에 대해 교수와 그리고 여러 전문가들과 이야기하면서 전반적으로 사회의 소득이 높아지고, 경제적 세계화로 인해 비교적 값싼 수입 우산이 보급되면서 우산을 수리하지 않고 버리고 다

---

[*] 강원지역문제해결플랫폼, 「『폐우산의 재사용 순환체계』 의제실행팀 '넝쿨째 굴러온 우산팀' 인터뷰!」, 2022년 10월 18일. https://blog.naver.com/gw_innovation/222904018592

넝쿨째 굴러온 우산팀과 수리된 우산의 예

시 사는 생활습관이 생겨났을 가능성에 대해 논의하기도 했다. 그
리고 이 과정에서 서울 및 경기도의 일부 지자체는 우산을 수리해
주는 센터를 운영하고 있음을 알게 되었고, 이러한 운동이 일종의
패러다임의 전환—돈이 없어서 우산을 안 사는 것이 아니라 폐기물
을 줄이기 위해 우산을 수리하자는 문제의식—으로 연결될 수 있는
지에 대해서도 토론했다.

그리고 무엇보다도 이 수업의 원래 목적 중의 하나는 이러한 지
역 문제의 진단과 해결책 제안의 과정을 통해 우리의 국제개발협
력 파트너 국가들을 이해해보자는 것이다. 학생들은 〈동남아지역연
구〉 등과 같은 과목에서 배운 동남아시아 국가들에 대한 선 지식을

토대로 해서 만약 우산 수리 프로젝트를, 예를 들어, 베트남의 한 지역에서 실행한다면 어떤 상황이 벌어질지에 대해서도 토론했다. 학생들의 베트남에 대한 지식과 정보는 제한적이지만, 이러한 프로젝트를 실행할 때 만약 그들이 살고 있는 지역에 우산공장이 있고, 이것이 일자리를 제공하며 생산된 우산이 한국 등으로 수출된다고 가정하면 어떤 일이 벌어질지에 대해 상상하고 토론했다. 우선 이러한 프로젝트의 실행은 제조업이 주력 산업인 파트너 국가 현지에서 일자리를 감소시키는 효과를 초래할 수도 있을 것이다. 그리고 또한 한국에서의 실행이 현지의 우산 수출량을 감소시키는 결과를 가져올 수도 있을 것이다. 반면 만약 우산을 수리하는 기술을 훈련해서 우산 수리인이라는 직업 교육을 병행하게 한다면, 이는 새로운 일자리의 창출로 이어질 수도 있을 것이라는 등의 의견이 제시되었다.

이 수업에서는 이러한 학생들의 문제의식을 좀 더 구체적인 수준으로 발전시키지는 못했다. 그러나 향후 이 수업을 다시 하게 될 경우, 구체적으로 우리가 직간접적으로 관여하고 있는 국제개발협력 파트너 국가의 특정 지역을 학생들에게 소개하고, 학생들의 아이디어를 그 지역에 적용해보고, 이 과정을 통해 해당 지역과 원주를 비교해보면서 상대를 이해하는 새로운 방식의 상호이해교육을 시도해볼 것이다.

4. 약국 프로젝트

이 프로젝트 역시 앞의 세 번째 사례와 같이 2022년 개설된 〈개발협력의 글로벌 거버넌스〉 수업에서 기획된 프로젝트이고, 수업 종료 이후 강원혁신포럼에 참가해서 의제로 선정되었다. 또한 기획 당시부터 한국이 수행하고 있는 국제개발협력사업 파트너 국가에의 적용 및 비교를 염두에 두고 진행되었다. 이 프로젝트에서 학생들이 주목한 것은 최근 원주에 유학생, 다문화가정, 이주노동자 등 외국인의 수가 급증하고 있는데, 이들이 생활에서 의사소통 문제를 겪고 있다는 점이었다. 학생들은 원주 시내 2개 대학의 유학생들과 다문화가정의 이주민 등을 대상으로 설문조사와 인터뷰를 진행했고, 그 결과 그들의 의사소통 중 가장 어려운 것이 약국에서 간단한 증상을 말하고 약을 사는 상황이라는 것을 알게 되었다. 이후 의사, 약사, 다문화지원 활동가 등을 찾아가 인터뷰를 해서 문제에 대해 좀 더 체계적으로 접근할 수 있었다. 번역 앱이 개발되고 일반인들이 약간의 영어를 할 수 있는 세상이 되었지만, 여전히 의약품을 취급하는 것은 민감하고 중요한 문제이기 때문에 약사들 역시 의사소통이 확실히 되지 않을 때 매우 곤란한 상황에 놓이게 된다는 것도 알게 되었다.

학생들이 이 문제를 해결하기 위해 생각해낸 방식은 증상그림판을 제작하는 것이었다. 즉 발열, 두통, 가려움, 설사, 근육통 등 간단하고 명료하게 표현할 수 있는 증상, 그리고 증상이 지속된 기간 등을 그림판에 그림으로 그려 이를 매개로 약사와 외국인들이 소통할 수 있도록 하는 것이다. 또한 그림판은 증상에 맞는 약을 약사가 추천할 때 간단한 복용 방법 등도 그림으로 설명할 수 있도록 해준다. 그림판은 이주민들보다는 유학생들에게 더 큰 의미가 있을 것으로 예상되었다. 설문조사 결과에 따르면, 유학생들이나 교환학생들이 한국에 온 지 얼마 안 되어 약국에 가고자 할 때는 특히나 더 의사소통의 어려움을 겪는다. 따라서 학생들은 그림판이 이들의 문제를 해결하는 데 도움이 될 것으로 판단했다.

실험을 진행하는 과정에서 학생들이 직면한 가장 큰 난관은 약국을 섭외하는 것이었다. 약국들이 실험 진행을 원하지 않아, 여러 차례의 시도 끝에 간신히 실험을 진행할 약국을 섭외할 수 있었다. 증상그림판을 활용해본 결과 외국인들의 반응은 매우 긍정적이었다. 약사님 또한 증상그림판이 의사소통에 도움이 된다고 반응했다. 또한 이와 더불어 학생들은 외국인들이 사용할 수 있는 다국어 상비약 키트를 제작해서, 외국인들에게 배포하는 활동 또한 전개했다. 학생들은 사전조사를 통해 원주 거주 외국인들 혹은 유학생들의 다수를 형성하고 있는 국가의 언어들을 선정해서, 이 언어별로 상비약 키트를 제작하고 간단한 설명을 덧붙였다. 이 역시 외국인들에게 좋은 반응을 받았다. 특히 기숙사에 거주하지만 캠퍼스가 약국에서 멀리 떨어져 있어 약국 출입이 쉽지 않은 유학생들에게 이 키트는 큰 도움을 줄 것으로 예상된다.

앞의 세 번째 사례에서 언급한 바와 같이 수업에서 이 프로젝트는 보통의 리빙랩 프로젝트와 달리 한국이 진행하고 있는 국제개발

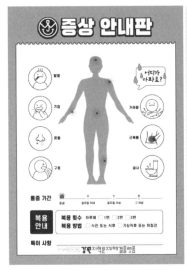

협력사업의 파트너 국가에의 적용가능성을 염두에 두고 기획되었다. 학생들은 동남아시아 국가들 중 다종족, 다언어 국가들이 어디인지, 그리고 그 사회에서 언어 소통 문제가 사회적 갈등이나 차별의 문제로 이어지는 경우가 있는지 등을 토론했다. 그리고 같은 소수민족이라도 여성은 의사소통뿐 아니라 약국에의 접근 자체가 제약되는 더 큰 문제가 있을지에 대해서도 논의했다. 물론 해당 수업에서 이에 대한 본격적인 조사는 진행하지 않았다. 그러나 학생들은 내가 살고 있는 동네가 가진 문제를 통해 협력국의 지역을 이해하는 것이 신선하다고 반응했고, 이러한 방식은 기존 방식보다 상대방을 이해하려는 동기와 이유가 더 분명해진다는 점이 장점이라

고 반응했다.

이 프로젝트는 여러 가지 방향으로 더욱 발전할 수 있고, 후속 실험들이 진행될 수 있다. 예를 들어 아예 다언어로 된 진단 앱을 개발해서, 병원과 약국에서 언어 소통에 문제가 있는 외국인들의 진료와 처방에 사용해보는 것이다. 또한 약국이 아닌 외국인들이 근무하는 직장에서 업무의 특성에 맞게 새로 온 외국인 노동자를 위한 그림판을 만들어 보는 것이다. 이 그림판에는 업무와 관련해서 꼭 알아야 할 안전 문제나 업무 요령 등이 그림으로 묘사되어 있어, 이들의 실수나 사고를 막을 수 있다. 학생들은 실험 종료 후 이와 같이 활동을 확장하기를 원하지는 않았고, 오히려 실험 기간이 너무 짧았기 때문에 좀 더 제대로 된 안내판을 만들어 더 많은 실험을 하고자 했다. 학교 측에서는 이 프로젝트가 헬스케어와 관련되어 있기 때문에 이에 해당하는 예산을 지원할 수 있었고, 학생들은 강원혁신포럼의 실험 종료 이후에도 약국 실험을 계속 진행할 수 있었다. 이후 학교가 수행하고 있는 다른 정부사업에서 주관한 경진대회에서 우수사례로 선정되어 10일간의 영국 연수 기회도 얻게 되었다.

5. 식자재 포장 조사 프로젝트

이상과 같이 수업에서 리빙랩 활동을 하는 경우, 여러 장점과 단점이 있다. 먼저 가장 큰 장점은 프로젝트가 중도에 무산되지 않고,

최소한 실험을 기획하는 단계까지 지속되기 때문에 완성도가 높다는 점이다. 이는 보통의 주민 대상 리빙랩 활동이나 동아리 활동 차원의 리빙랩과 비교해서 확연히 드러나는 장점이다. 학생들은 수업의 일환으로 리빙랩 활동을 반강제적으로 수행해야 하고, 이 활동에 학점 배분이 이루어져 있기 때문에 학점을 받기 위해서라도 주어진 활동을 마쳐야 한다. 또한 학생들이 지역에서 어느 정도 의미 있는 문제를 정했는지, 그리고 학생들이 구상하는 솔루션이 실행 가능한지, 이미 다른 프로젝트에서 시도된 것은 아닌지, 적절한 해결책인지 등에 대해 강사가 지속적으로 모니터를 하기 때문에 학생활동의 질이 높아질 가능성이 크다.

반면 단점이라면 보통의 지역주민 주도 리빙랩에 비해 학생들은 아무래도 지역에 대한 이해가 부족해서 지역의 절실한 문제를 찾는데 어려움이 있다는 점이다. 학생들이 주민들을 만나서 인터뷰를 하거나 설명을 듣는 등의 활동은 시간과 비용이 많이 들고, 이러한 탐구 활동이 수업에서 급조된 것일 가능성이 높기 때문에 지역에 대해 체계적으로 이해하는 데 도움이 되지 않을 수도 있다. 또한 대학 전공 강의에서 이 활동을 왜 하는지, 그리고 이 활동이 전공학습과 어떤 관련이 있는지를 강사가 명확히 하지 않을 경우, 학생들은 강의와 리빙랩 둘 다에 몰두하지 못하게 될 가능성도 높다.

지금 간단히 소개하려고 하는 이 마지막 사례는 수업 기반 활동이 아니라 창업동아리 활동 차원에서 리빙랩 실험을 기획해본 것이다. 이 실험은 센터 설립 초기에 기획되었고, 아쉽게도 프로젝트는 부분적으로는 좋은 성과를 거두었지만 전반적으로 완성되지는 못했다. 그 이유는 앞에서 지적한 수업 기반 리빙랩의 장점과도 연관되어 있을 것이다. 학생들의 동아리 활동은 거의 대부분 학생들의 자발성에 의존한다. 그러나 학생들은 이러한 리빙랩 활동에 흥미를 느끼면서도, 실제로 활동을 진행하고 완성하는 전체 과정을 수업 활동에 비해 느슨하게 주도한다. 이들의 지도교수 역시 이들에게 활동에 관해 지시하거나 강제할 수 없고, 이들의 활동을 보조하는 역할만을 주로 한다. 따라서 종종 학생들의 사정에 의해 프로젝트가 중도 포기되는 경우도 많다. 그러나 더욱 근본적으로 이 프로젝트의 성격상 실험이 본격적으로 진행되기 힘들었던 특성이 있었다. 대형 협동조합들의 협조와 별도의 예산, 그리고 전문가들의 도움이 필요한데, 이것은 사실 대학 연구소에서 진행하는 전문적인 연구 프로젝트 수준이 되어 학부 학생들이 감당하기는 힘들었던 측면도 있다.

이 프로젝트의 목적은 식자재 유통 과정에서 발생하는 불필요한 포장재가 있는지를 조사하고, 만약 있다면 이것을 줄이는 방법을 모색해보는 것이다. 그리고 이것을 줄였을 때 얼마만큼의 플라스틱 사용량이 감소하는지, 그리고 그에 따라 얼마만큼의 이산화탄소 발생량이 줄어들 것인지를 실험해보는 것이다. 이를 위해 학생들은 먼저 원주시에 있는 2개의 협동조합조직을 선택했다. 이 두 협동조합은 전국적 네트워크를 가진 유명한 식품유통 협동조합이지만 전체적인 조직 운영은 매우 달랐다. 이 중 하나는 보다 중앙집권화된 방식으로, 그리고 다른 하나는 보다 분산화된 방식으로 조직을 유지하고 있었다. 중앙집권화된 방식의 경우 개별 매장에서 포장재를 바꾸거나, 포장재를 제조하는 업체와의 계약을 중단하는 등의 변화를 시도하기가 쉽지 않다. 따라서 만약 실험이 제대로 전개되었다면 이 두 협동조합의 비교를 통해 의미 있는 정책적 함의를 도출할 수 있었을 것이다.

두 협동조합의 원주지부에서 모두 이 프로젝트에 찬성하게 되면서, 각 조합의 매장 하나씩을 선정해서 학생들이 투입되었다. 학생들은 손님이 없는 시간에 매장에 가서 매장의 모든 식품의 포장을 조사해서 포장재 및 포장 방법 등에 대해 자세히 기록하고 사진을 첨부해서 자료로 만들었다. 완성된 자료를 가지고 학생들은 전문지식이 없는 상태에서 토론을 해서 어떤 포장재가 과잉일 것 같고, 그 포장재를 줄일 경우 어떤 큰 문제가 발생할지에 대해 분석했다. 그러고 나서 연세대학교 미래캠퍼스 패키징학과 교수의 자문을 받았다. 이분은 이 학생들을 위해 두 차례에 걸쳐 특강/세미나를 개최해주셨고, 각 식품에 포장재가 왜 필요한지를 식품의 성질과 유통기한 등에 따라 자세히 설명해주셨다. 그 뒤 당장 줄일 수 있는 포장재라고 학생들이 지적한 것들 중 유효한 물품들을 가려 주었다.

여기까지의 활동을 통해 학생들은 포장재에 대해 많은 새로운 지식과 정보를 알 수 있었고, 무조건 포장재를 줄이면 안 되고 반드시 전문가와 상의해서 실험을 하고 대안을 마련해야 한다는 것을 이해할 수 있었다. 그러나 이후 실제 포장재를 바꿔보는 실험은 진행되

학생들이 식품유통 협동조합 매장의 포장재를 조사하고 있는 모습

지 않았다. 그리고 사실 두 번째 협동조합에 대한 조사 역시 진행되지 않았다. 실제 포장재를 바꿔보는 실험은 협동조합의 많은 협조가 필요했고, 특히 중앙의 결정이 필요했는데 이 과정이 복잡하고 미묘했다. 또한 패키징학과에서 이 프로젝트를 수행하기 위해서는 보통 그들이 하는 수준의 연구비와 인력이 필요한데, 학생들이 지역혁신 플랫폼에 지원해서 의제로 선정된다고 해도 그 정도의 예산 확보는 불가능했다. 결국 프로젝트가 여기서 중단되고 학생들은 활동을 평가하고 종료한 후 새로운 프로젝트를 시작하게 되었다.

이 프로젝트를 수업에서 진행했더라도 큰 변화는 없었을지도 모른다. 하지만 수업에서 했다면 보다 체계적이고 신속하게 진행되어

약간 더 진행되었을 가능성이 있다. 정해진 학기 일정이 있는 수업과 달리 동아리 활동은 데드라인을 학생들 스스로 설정하기 때문에 학업이나 아르바이트 등 그들의 우선순위에 따라 실험 활동이 지연되기도 했다. 또한 수업에서는 리빙랩에 대한 충분한 사전 교육을 받게 되고, 리빙랩 실험의 목적과 의의에 대해 학생들이 확실히 파악한 상태에서 실험을 진행하는 데 비해 동아리의 경우 지도교수가 그런 교육을 별도로 해야 하고, 학생들은 뚜렷한 목적의식을 갖고 있기보다는 막연한 사회기여활동 정도로 생각하는 경우가 많다.

그럼에도 불구하고 수업 기반이 아닌 동아리 기반 활동 역시 중요한 대학생 리빙랩 모델이 될 수 있다. 앞서 언급한 단점들을 극복한다면, 이 역시 좋은 사례를 창출할 수 있을 것이다. 최근 대학에서는 앞서 언급한 바와 같이 지·산·학 협력을 추진하고 있고, 성과를 필요로 하게 되면서 창업동아리에 많은 지원을 하는 경향이 있다. 이러한 기회를 잘 활용한다면 그리고 지도교수가 보다 적극적인 역할을 할 수 있는 기반이 조성된다면, 동아리 기반 대학 리빙랩 모델 역시 활성화될 것이다.

대학 수업 기반 리빙랩 활동 분석

이상에서 우리는 연세대학교 리빙랩 연구센터를 사례로 대학이 어떻게 지역과 만나고 주민들과 리빙랩 활동을 기획하는지, 그리고 학생들이 리빙랩 활동에 참여해서 수업 혹은 수업 밖에서 어떻게 리빙랩 실험을 기획하고 실행하는지를 소개했다. 이러한 활동에서 주요 행위자들이 누구이며, 이들은 어떤 역할을 하는지를 143페이지 그림과 같이 표현해보았다. 먼저 대학 수업 기반 리빙랩 활동에서 가장 중요한 주체는 대학생이다. 대학생은 지역의 문제를 찾고, 이를 해결하기 위한 솔루션을 도출한다. 이 과정은 수업 혹은 동아리 활동을 통해 진행된다. 수업의 경우 몇 차례의 설문 조사 결과를 보면 학생들이 리빙랩 활동에 대해 잘 알고 이것을 하고 싶어서 이 과목을 선택한 경우는 많지 않았다. 그러나 수업이 끝나고 난 뒤 설문을 해보면 리빙랩 활동의 중요성과 보람을 많이 느끼고 있어 일종의 사후적인 동기부여가 되고 있다. 이러한 수업 경험을 통한 동기부여는 수업 종료 이후 지역혁신플랫폼에 참가해서 활동하는 것을 가능하게 한다.

다음으로 중요한 역할을 하는 것이 협력기관이다. 협력기관 중에는 우선 지역혁신플랫폼(강원혁신포럼)이 있다. 이 포럼은 행정안전부가 주최하고 각 광역자치단체별로 실제 대회를 진행하는데, 강원도의 경우 사단법인 더슬기로운생활(이하 더슬기)이라는 곳에서 매년 대회를 주관하고 있다. 더슬기에서는 일종의 지역 예선에 해당하는 오픈테이블부터 심화워크숍, 그리고 최종 발표에 해당하는 집중워크숍에 이르기까지 모든 참가팀들에게 리빙랩을 교육하고 안내하며 이들에게 꼭 필요한 조언을 제공한다. 더슬기의 전문가들은 경험이 풍부하기 때문에 각 팀이 보다 의미 있고 중요한, 그러면서도 흥미 있는 실험을 기획할 수 있도록 이끌어 준다.

그리고 더슬기와 더불어 중요한 역할을 하는 협력기관은 지역의 공공기관이다. 강원혁신포럼은 최종 의제로 선정된 팀에게 원주 소재 공공기관들을 매칭해주어 관련된 공공기관이 리빙랩 프로젝트 팀의 활동을 돕는다. 이들은 추가적인 재정적 지원도 하고, 전문지식이나 기술 혹은 행정서비스를 지원해주기도 한다. 예를 들어 마스크팀의 경우 건강보험공단이나 건강보험심사평가원 등에서 마스크 수거를 도와주고, 여타 재정적·행정적 지원을 아끼지 않았다. 이러한 지원은 공공기관의 입장에서도 그들이 혁신도시법에 의해 반드시 실천해야 하는 지역공헌활동이라는 의미가 있기 때문에 중요하다. 그리고 기관에서 전문성을 가진 사람들이 멘토가 되어 리빙랩 활동에 많은 조언을 하기도 한다. 예를 들어 전동 스쿠터 이용 시 헬멧을 쓰게 하는 프로젝트의 경우, 도로교통공단의 전문가가 멘토가 되어 이와 관련된 법적 규정들과 이전 사례들, 그리고 헬멧 관련 사고 데이터 등을 알려주었다. 따라서 공공기관과 리빙랩 팀과의 협업이 실험 성공에 중요한 영향을 미친다.

대학 리빙랩의 주요 행위자

주민은 학생들과 직간접적으로 만나 지역의 이해와 요구를 전달하고 그들의 의견을 제시한다. 그런데 이들이 중요한 역할을 할 수 있는지의 여부는 해당 수업을 진행하는 담당 교수의 노력에 달려 있다. 마스크 사례의 경우 원주시에서 진행되고 있었던 도시재생지역 중에서 연세대학교 미래캠퍼스가 관여하고 있는 학성동 도시재생지원센터를 방문해서 학성동이라는 특정 지역을 돌아보고 주민들을 만날 기회를 가질 수 있었다. 만약 이러한 계기가 주어지지 않는다면, 학생들은 지역 주민들의 생각을 알 기회를 가지기 힘들 것이다.

이 과정에서 또한 중요한 역할을 하는 것이 중간(지원)조직이다. 앞서 설명한 대로 원주 지속가능발전협의회, 협동조합네트워크, 무위당학교, 그림책 도시 등 원주시에서 활동하고 있는 다양한 중간지원조직들은 리빙랩과 유사한 많은 활동 경험들을 가지고 있고, 지역에 대한 이해도가 높기 때문에 학생들의 리빙랩 활동에 많은 도움을 줄 수 있다. 특히 이들은 지역에서 마을 만들기, 돌봄 활동, 집수리를 통한 주거환경 개선 활동, 노인 일자리 창출 활동, 도시재생활동 등 많은 경험들을 하면서, 그간 활동 과정에서 무엇이 문제였는지, 그리고 그것이 어떻게 개선되어야 하는지에 대한 확고한 견해를 가지고 있다. 이들의 이러한 견해가 학생들과 담당 교수가 리빙랩 활동을 하는 데 많은 도움을 준다. 이들은 사실상 리빙랩이라는 이름을 붙이지는 않았지만, 리빙랩과 유사한 지역문제해결 활동을 다양하게 해본 선배들인 것이다. 따라서 담당 과목의 교수의 역할은 이들을 수업에 초청해서 특강을 개최하는 등의 방법으로 이들과 학생들을 연결시켜 주는 것이다.

마지막으로 대학의 역할 역시 중요하다. 이는 엄밀히 말해 대학의 역할과 대학교수 및 연구원의 역할로 나눌 수 있다. 대학은 학생들을 지원하는 다양한 관련 부서들을 통해 학생들의 리빙랩 활동을 도와준다. 예를 들어 학생들이 실험을 마치고 나서 실험 과정에서 나온 아이디어로 특허를 출원하고자 할 때, 대학의 산학담당 기관은 특허 출원 절차를 학생들에게 안내해준다. 또한 예비 사회적 기업으로 창업을 원할 경우 그 절차를 안내하고, 그 과정에서 생기는 크고 작은 문제들을 해결해주는 역할도 한다. 이러한 대학의 지원은 사실 앞서 언급한 바와 같이 지·산·학 협력과 관련된 대학의 실적이기도 하다. 따라서 대학의 관련 기관과 부서들은 학생들에 대한 지원에 적극적이다. 그리고 만약 학생들이 수업 종료 후 지역혁신플랫폼에 참여하지 않고 독자적으로 활동을 계속하고 싶은 경우 창업 동아리로 등록하게 해서 다양한 혜택과 지원을 받도록 한다. 따라서 대학은 실험 과정뿐 아니라 특히 실험 후 과정에서 중요한 역할을 한다.

가장 큰 문제가 되는 것은 대학교수 등 대학에 있는 전문가들의 역할이다. 앞서 유럽 사례에서 설명했듯이 지역의 지식/기술 공급기관인 대학이나 연구소의 역할은 리빙랩에서 매우 중요하다. 이들이 주민들과 소통하면서 문제를 파악하고 전문가로서 해결책을 모색하는 과정은 리빙랩 프로젝트의 성패에 중요한 영향을 미친다. 그러나 한국에서 대학교수가 리빙랩 활동에 참여하는 경우는 거의 없다. 즉 이 책에서 나오는 사례에서처럼 리빙랩 활동을 지도하거나 수업에서 리빙랩을 가르치는 경우는 있지만, 전문가로서 리빙랩 프로젝트에 참여해서 조언을 하거나 실험 설계를 직접 담당하는 경우는 매우 드물다. 앞의 사례들에서도 가장 직접적인 예는 식품 매장의 포장재 조사 프로젝트에서 패키징학과 교수님의 역할이었다. 이 밖에도 마스크 프로젝트나 노인 우울증 개선 프로젝트에서도 보건/의료 관련 교수님들의 자문이 중요한 역할을 하기는 했지만, 우리가 유럽 사례에서 보는 것처럼 이상적으로 주민들이 문제를 제기하면, 그 문제에 관한 전문가인 지역 소재 대학의 교수나 연구원이 플랫폼에서 주민과 만나 전문 지식과 기술을 제공해서 공동 창조하는 과정은 아니었다.

일반적으로 한국에서는 아직까지 교수들이 지역사회에 관심을 가지고 관여하고, 문제해결에 참여하는 경우가 거의 없다. 대학 교수로서 이들이 수행하는 연구와 교육, 그리고 봉사의 대부분은 대학이 속한 지역과는 분리되어 있다. 최근 정부가 지역에서의 대학의 역할과 지·산·학 협력을 강조하고 이를 많이 지원하지만, 이 역시 일반적인 교수가 관여하는 경우는 많지 않고, 이 역할을 담당할 교수를 별도로 채용해서 이들이 주로 활동하고 있다. 이러한 분리는 특별히 교수 개개인의 잘못이나 대학의 잘못이라기보다는 하나의 관행이다. 그리고 사실 이러한 관행은 한국뿐 아니라 미국이나 일본, 중국 등에서도 나타난다. 교수가 지역에 관심을 가지지 않을 경우 문제가 되지도 않으며, 반대로 관심을 가질 경우 별다른 혜택이나 이점도 없다. 교수의 지역기반 활동이 교수의 승진이나 승봉에 영향을 미치는 경우는 거의 없다. 다만 교수 개인의 개인적 관심과 동기에 의해 지역에 관심을 가지고 리빙랩과 같은 활동을 하는 경우는 있다. 이는 마치 교수들이 개인적으로 혁신적인 교수법에 관심을 가지고 이를 시도해보는 것과 같다. 대학에서는 교수 개인이 혁신적인 교수법을 시도할 때 약간의 인센티브와 각종 지원을 해주기는 하지만, 이것이 교수의 승진에 영향을 크게 미치지는 않는다. 그리고 교수가 혁신적인 교수법을 시도하지 않는다고 해서 게으른 교수라고 함부로 비난할 수 없는 것과 마찬가지로, 교수가 지역에 관심을 가지지 않는다고 해서 자기 역할을 못하고 있다고 비난할 수도 없다.

그런데 어쨌든 리빙랩 활동이 원활히 진행되기 위해서는 지역의 대학, 특히 대학의 교수들이 중요한 역할을 해야 한다. 가장 좋은 것은 대학이 플랫폼을 운영해서 주민과 다양한 전공의 대학교수 및 연구원 등 전문가를 연결시켜주는 것이지만 이 역시 쉽지 않다. 그러나 실제 지역에서 리빙랩 활동을 해보면 플랫폼 운영의 적임자는 역시 대학이다. 지방정부가 주민자치과(혹은 팀) 등 부서를 신설해서 리빙랩을 전담하는 경우도 아주 가끔은 있지만, 이 역시 시장이나 군수 혹은 도지사가 교체되면 단절되는 경우가 많다. 게다가 리빙랩 방식의 시민참여가 과연 정부가 주관할 일인가에 대한 의문도 있다. 그리고 사실 이러한 종류의 활동은 시정부가 아니라 시정부 혹은 광역자치단체에 직간접적으로 소속되어 있는 별도의 제3기관, 즉 우리가 흔히 중간지원조직이라고 부르는 기관들이 담당하는 경우가 많다. 그러나 이 역시 정권교체에 취약하고 예산은 별도로 마련해야 하는 경우가 대부분이다. 이에 비해 대학은 갈수록 지역에의 기여, 지역에서의 존재 이유 확보, 지방정부와의 협력 등을 강요받고 있다. 그리고 아무리 학령인구 감소로 대학의 존재 자체가 위기라고 해도, 실제로 대학이 없어지는 경우는 매우 드문 일이다. 따라서 대학이 리빙랩의 플랫폼을 운영하는 것이 가장 바람직하고 적절하다.

대학의 역할
대학 리빙랩에서

　　결국 지역에서 대학이 플랫폼을 운영하면 아주 좋지만, 현실에서는 대체로 그렇지 못한 것이 지금의 상황이다. 대학 주도 리빙랩은 몇몇 대학에서 아주 모범적으로 잘하고 있지만, 플랫폼을 통해 대학이 주민과 만나는 통로를 적극적으로 개설하는 경우는 거의 없다. 있다고 해도 그다음 문제는 대학 교수들을 어떻게 개입시키느냐이다. 단기적으로는 지역기반연구에 정부가 재정을 지원하는 것이 대안이 될 수 있다. 그런데 이 경우도 연구비 예산 집행의 경직성으로 인해 교수의 연구가 리빙랩 실험으로 연결되기 쉽지 않을 것이다. 이와 달리 대학에서 교수들의 지역사회 공헌활동에 대해 업적산정 점수로 환산해서, 이를 승진·승봉에 이용할 수 있도록 해주는 인사제도도 가능할 것이다. 그러나 이 역시 쉽지 않다. 실제

대학의 현실에서 이러한 활동이 교원의 인사에 약간이라도 의미 있는 영향을 미치는 제도를 운영하고 있는 경우는 아마도 없을 것이다. 이 밖에 교수를 위한 다양한 인센티브가 가능할 수도 있겠지만 아직 바람직한 사례를 찾기는 힘들고, 또한 대학 내에서 이러한 인센티브가 필요한가에 대한 기본적인 합의를 만들어내기도 힘들 것이다. 지역 소재 대학의 교수가 자신의 전문성을 기반으로 지역문제해결에 참여하고, 주민과 함께 공동창조의 과정을 수행하는 것은 아주 이상적인 모델이지만 현실에서는 실현하기 힘들다.

그러나 결국 대학교수의 이러한 역할은 리빙랩 활동이 대학교수의 본업, 즉 연구 및 교육과 관련이 많을수록 더 실현될 가능성이 높을 것이다. 교수가 자기 본업을 수행하는 데 리빙랩이 도움이 된다면, 이것이 가장 바람직한 상황일 것이다. 예를 들어 교수가 개인적으로 지역문제해결이나 주민의 참여를 통한 문제해결, 지역혁신과 시민사회 등의 연구 주제에 관심이 있다면, 그리고 교수가 개인적으로 문제해결학습이나 지역기반학습에 관심이 있다면, 그들에게 리빙랩은 그들의 연구와 교육의 질을 높일 수 있는 적절한 수단이 될 수 있다. 이를 위해서는 리빙랩이 수많은 대학교수의 전공 분야 및 관심 분야에서 어떤 의미가 있는지를 생각해봐야 한다. 이 역시 각 분야의 교수들이 해야 할 일이다. 대학 수업 기반 리빙랩은 담당 교수가 경제학자인지, 경영학자인지, 물리학자인지, 공학자인지에 따라 다른 의미로 이해될 것이다. 각자가 자기의 전공에서 리빙랩이 어떤 의미가 있는지, 이것이 기존의 자기 분야 연구에 어떤 의미가 있는지, 그리고 전공 교육에 어떤 새로운 장점을 제공해주는지를 고민하고, 이에 대한 확실한 답을 가지고 있어야 한다. 만약 이 답이 없다면 대학생들이 굳이 전공수업에서 리빙랩 활동을 할 필요가 없을 것이다.

필자들은 정치학자로서 (국제)정치학이라는 학문 분야에서 리빙랩에 접근하고 있다. 우리는 리빙랩이 기존의 시민 정치참여와 무엇이 다른지, 어떤 장단점이 있으며, 이것이 기존의 중앙정부 중심의 대의제 정치의 단점을 보완해줄 수 있는지 등 전통적인 정치학적 관점에서 리빙랩이라는 현상에 관심을 가진다. 또한 국제정치학적 관점에서는 글로벌 문제를 결국 각 지역의 특성에 맞게 해결하는 글로컬 방식의 문제해결이 가능한지, 그리고 이것이 국가대표 중심의 국제기구나 국제법, 국제조약의 비효율성을 대체할 수 있는지에 관심을 가지고 있다. 우리는 그러한 글로컬 방식의 문제해결의 가장 전형적인 사례로서 리빙랩에 관심을 가진다. 또한 교육의 측면에서도 리빙랩 방식의 조별활동이 기존 (국제)정치학 수업에서의 조별활동과 뭐가 다른지, 기존 활동에 비해 전공 학습에 더 도움이 되는지, 이 방식이 (국제)정치학의 이론과 사례들을 이해하는 데 더 효과적인지, 그리고 이 방식이 학생들의 창의력과 문제해결능력을 배양하고, 이들이 졸업 후 사회 각계에 진출했을 때 필요한 역량들을 갖추는 데 도움을 주는지 등에 관심이 있다. 이처럼 다른 모든 학문에서도 비슷한 문제의식을 생각해볼 수 있을 것이다(정치학에서도 이와 다른 많은 문제의식이 더 가능할 것이다).

물론 모든 학문 분야에서 이러한 문제의식의 도출이 가능하지는 않을 것이다. 전공의 성격에 따라 도출이 힘든 경우도 있을 것이고, 반대로 다른 전공에 비해 더 잘 맞는 경우도 있을 것이다. 그러나 어떤 경우라도 결국 전공을 막론하고 대학 교육이 책임져야 할 학생 역량들은 일반적이다. 요즘에는 의사소통능력, 협업능력, 창의력, 다양성에 대한 공감능력, 문제해결능력, 글로벌 리더십 역량 등이 어느 대학이든 단골 메뉴로 등장한다. 그리고 실제로 각 학과나 전공마다 자신의 교육체계에서 이러한 역량을 어떤 과목을 통해 어떻게 배양할 것인지에 대한 계획을 제출하도록 요구받고 있다. 사실 리빙랩은 이 모든 역량과 직접적으로 관련이 있다. 따라서 리빙랩이 특정 학문 분야에서 접근 가능하냐의 문제는 보다 크게는 그 학문이 이러한 역량을 어떻게 발전시킬 수 있을지에 대한 고민에서 접근되어야 할 것이다. 대학 교육은 이제 이러한 역량에 주목하지 않을 수 없고, 또 대학이 소재한 지역에 주목하지 않을 수 없다. 따라서 우리는 리빙랩이 대학의 미래에 중요한 돌파구가 될 가능성이 있다고 생각한다.

수십 년 전부터 한국의 대학이 전환기에 놓여 있음을 많은 사람들이 지적해오고 있다. 학령인구 감소에 따른 대학의 존립 위기, 대학의 위상과 역할에 대한 재고, 4차 산업혁명 시대의 대학 교육의 역할, 미래 대학의 모습 등을 충분히 논의해왔다. 그러나 지금 와서 생각해보면 이러한 문제의식하에서 실제 의미 있는 변화가 일어나는 경우는 거의 없었다. 대체로 위기에 대한 대응은 국가의 개입과 시장주도 혁신이라는 두 극단 사이에서 진행되었는데, 양자 모두 전반적으로 효과적이지 못했다. 국가는 대학이 교육을 제대로 하고 있는지를 감시하고, 이와 동시에 미래지향적이고 혁신적인 많은 사업들을 만들어 대학을 지원해왔다. 그러나 이러한 통제와 지원이 중장기적인 관점에서 대학에 도움이 되는지, 그리고 대학의 위기를 해결하는 역할을 하는지의 문제는 별개이다. 이 대목에서 대학 리더십의 역할이 중요하지만, 대학(특히 재정이 취약한 대학) 역시 이렇게 국가가 정해 놓은 틀 속에서 당장 단기적인 계획을 구상하고 추진하는 데 매몰되는 것이 현실이다.

　시장의 수요 역시 참고는 되지만, 중요한 결정의 근거가 될 수는 없다. 대학이라는 기업의 고객은 학생과 학부모이다. 그런데 학생과 학부모의 요구는 대체로 변화된 현실에 맞지 않는 추상적인 기대에 기반을 두고 있는 경우가 많다. 학생들은 대체로 직업 시장에 대한 정보가 취약하고, 학부모들은 더욱 그렇다. 각 전공에 대한 이들의 선호는 낡은 정보에 기반을 두고 있는 경우가 많거나 별다른 근거 없이 그저 그 전공이 취업에 도움이 되지 않을까 하는 막연한 기대인 경우가 많다. 이러한 부정확한 수요에 기반해서 대학의 생존과 발전전략을 수립한다는 것은 적절하지 않다. 더군다나 대학은 스포츠로 말한다면 일종의 기초체력을 만들어 주는 곳이지, 특정 종목에 맞는 근육을 키워주는 곳이 아니다. 그러한 특정 종목에 맞는 전문직업능력을 훈련시키는 교육은 법학전문대학원이나 경영전문대학원처럼 별도의 훈련 프로그램을 만드는 것이 적절하다. 그리고 대학 당국과 교수는 국가가 제시하는 미래 수요 혹은 학생이나 학부모의 선호에 기반한 수요가 아니라 본인들이 직접 미래 수요를 조사하고 예측해서 이에 맞는 교육체계로의 전환을 구상하고 실천해야 한다. 이러한 구상의 맥락에서도 대학이 리빙랩을 하나의 도구로서 관심을 가질 수 있을 것이다. 왜냐하면 대학이 스스로의 문제(존립 근거와 발전 방향 모색)를 해결하기 위해 과거와 같이 계획을 세우는 것이 아니라 리빙랩 방식으로 작은 실험들을 통해 문제해결방안을 도출해낼 수 있기 때문이다.

리빙랩이 대학에 정착하고, 대학이 리빙랩 활동에 관여하는 데 있어서 하나의 걸림돌로 지적될 수 있는 것이 학과 간 그리고 전공 간 장벽이다. 오늘날 한국의 거의 모든 대학에서 융복합 교육을 강조하고 있지만, 현실에서는 여전히 장벽이 존재한다. 사실 이것은 교수들의 배타성 문제가 아니라 구조적인 문제이다. 학령인구의 감소로 대학들이 학생과 학부모의 선택을 받기 위해 경쟁해야 하는 것처럼, 학과들도 마찬가지로 경쟁에 놓여 있다. 사립대학의 경우 대학 재정의 대부분이 등록금으로 채워지고 있고, 이 자원의 배분 역시 학과 간의 경쟁이다. 이는 대학이 리빙랩 활동을 수행하는 데 있어서 불리한 조건이다. 지역의 문제는 다양하고, 이를 해결하기 위해 다양한 전공의 교수들이 주민들과 소통할 수 있어야 하고, 때로는 전공이 다른 교수들끼리의 논의나 협력도 필요할 것이다. 대학에서 리빙랩을 주도하는 교수 개인의 노력으로 이 장벽을 넘기란 참으로 힘들다.

이러한 여러 가지 어려움에도 불구하고 여전히 우리는 한국의 현실에서 리빙랩을 이끌어갈 가장 중요한 주체가 대학이어야 한다고 생각한다. 그리고 그렇게 되기 위해서는 대학이 리빙랩의 본래 취지를 살리기 위해 보다 유연하게 변화해야 하고, 이러한 변화가 궁극적으로는 대학 자체 및 지역의 변화를 이끌어갈 수도 있을 것이다. 그 변화의 첫걸음은 교수들의 자각에서 시작된다. 우리가 학생들에게 무엇인가를 왜 가르치는지를 생각해보면, 내가 그것을 알기 때문에, 즉 내가 그것을 배웠기 때문이라는 대답이 먼저 나온다. 그러나 이제는 그것이 학생들에게 반드시 필요한 것인지를 끊임없이 자문해야 하는 시대가 되었다. 그리고 내가 가르치는 방법 역시 가장 최선의 방법인가라는 문제 역시 되풀이해서 제기해야 한다. 학생들은 과거와 달리 교수들 말고도 지식과 지혜에 접근할 수 있는 손쉽고 확실한 통로들을 많이 확보하고 있기 때문이다.

지금까지 우리는 리빙랩이 무엇인지, 그것이 유럽과 한국에서 어떻게 실행되고 있는지, 그리고 대학에서는 학생들이 수업 혹은 수업 외의 과정에서 리빙랩을 어떻게 실행하고 있는지에 대해 살펴보았다. 그리고 이러한 리빙랩의 효과적 실행을 위한 여러 조건들에 대해 분석했다. 그리고 한국에서 리빙랩이 적어도 지금까지는 정부주도였지만, 향후 보다 상향적이고 분산화된 방식으로의 전환이 필요하고, 이 전환을 대학이 주도해야 한다고 주장했다. 또한 하나의 정치 현상으로서 리빙랩은 어떤 의미를 가지는지, 그리고 기존의 정치에 긍정적 영향을 미칠 수 있는지에 대해서도 설명했다. 우리는 이 과정에서 리빙랩에 대해 다소 낙관적인 해석을 했는데, 실제 리빙랩은 실험이 실패하는 경우도 많고, 실험에는 성공했지만 의미 있는 혁신이나 문제해결이 수반되지 않는 경우도 많을 것이다.

그럼에도 불구하고 일단 우리 동네에서 우리 스스로 실험을 기획하고 주도해서 문제해결을 시도한다는 것 자체가 큰 의미가 있다.

그리고 이것이 알고 보니 우리 동네만의 문제가 아니라 전 지구 차원의 문제이고, 내로라하는 국제기구나 선진국의 유명한 지도자들, 그리고 첨단 기술을 갖춘 기업들 혹은 다양한 활동경험을 쌓은 유명한 활동단체들도 이 문제를 제대로 해결하지 못하고 있다면 더욱 그럴 것이다. 사실 전 세계적으로 유명한 국제기구나 국제조약 혹은 국가들의 협력이 글로벌 문제들을 잘 해결해왔고, 앞으로도 그럴 것이라는 과도한 믿음에서 벗어나는 것이 리빙랩 활동의 중요한 전제조건이자 출발점이다. 이러한 과도한 기대는 사람들을 더욱 수동적이게 하고, 자신의 눈앞에 닥친 문제를 정부 혹은 실제로 존재하지도 않는 '국제사회'에 미루게 한다.

리빙랩에 참여한 사람들이 리빙랩을 통해 사람들과 만날 때 흔히 받는 질문 중 하나는 이렇게 주민의 문제해결능력과 방식이 활성화되면 정부는 무엇을 하는가이다. 앞서 설명한 대로 한국의 경우 여전히 국가의 역할이 중요하고, 리빙랩 역시 국가 주도로 발전되어 왔다. 그러나 리빙랩이 점차로 상향식으로 전개될 경우 국가가 주도하는 정책 영역은 전보다 축소될 가능성이 있고, 따라서 국가가 관장하는 자원 역시 줄어들 가능성이 있다. 즉 권력이 국가에서 사회로, 중앙에서 지방으로 이동하는 효과를 가져올 수 있다. 물론 이것은 하나의 가능성이다. 그러나 더욱 중요한 것은 리빙랩이 개입주의적 국가(interventionist state), 즉 보다 적극적인 역할을 하는 국가와도 얼마든지 양립 가능하다는 점이다. 이것은 북유럽의 사회민주주의 국가에서 볼 수 있다. 국가가 복지정책 등을 통해 사회에 적극적으로 개입하지만, 이와 동시에 사용자 주도 혁신 역시 활발하게 진행되고 있다. 앞서 유럽에서 본 바와 같이 리빙랩은 시민사회가 활성화되고 지방의 자율성의 정도가 높을수록 더욱 활성화될 수 있는 가능성이 높지만, 이것이 반드시 필수조건인 것은 아니다.

리빙랩과 민주주의 간의 관계도 같은 맥락에서 설명될 수 있다. 리빙랩이 특정한 민주주의의 제도적 환경하에서 더 효과적일 것으로 추측할 수 있지만, 이는 엄밀하고 체계적인 연구에 의해 뒷받침되어야 할 의문이지 기정사실은 아니다. 그리고 우리는 종종 민주주의가 일정한 필수적인 속성들을 가진 고정된 것으로 생각하는 경향이 있지만, 사실 민주주의는 한마디로 변화무쌍하게 움직이는 생물이다. 정치학 교과서에는 비례대표제를 사용하는 국가와 단순다수제를 사용하는 국가의 정치가 각각 어떤 장단점이 있는지를 설명한다. 이 과정에서 우리는 이 두 제도를 가진 정치체제에 대한 일종의 고정관념을 가지기 쉽다(심지어 정치학자들도 이렇다). 그러나 같은 비례대표제 체제하에서도 민주주의는 여러 가지 조건의 차이에 의해 다양한 양상을 보인다. 심지어 같은 조건하에서도 지도자의 특성에 따라 정치가 전혀 다른 양상으로 전개되기도 한다. 따라서 리빙랩이 민주주의에 영향을 미친다는 가설도 가능할 것이다. 리빙랩이 실험 참여자의 정치적 효능감에 영향을 미칠 수도 있을 것이고, 새로운 민관협력모델을 제시해 민주주의의 질을 높일 수도 있다.

민주주의가 생물이듯이 우리가 사는 지역, 즉 공동체도 생물이다. 우리 동네는 이미 만들어져 고정된 것이 아니라 우리가 만들어

내는 살아있는 공간이다. 우리가 사는 공동체를 대상화시키는 습관은 오랜 권위주의 정치에서 형성된, 그리고 국가 주도 산업화에 의해 만들어진 일종의 고쳐야 할 습관이다. 이 습관이 리빙랩을 처음 시작하는 데 방해 요인이 되기도 하지만, 리빙랩을 경험했을 때 사람들의 자신감을 상승시키는 요인이기도 하다. 사람들은 보통 정부가 '해주던' 것에 익숙해져 있던 상태에서 우리 스스로가 이것을 할 수 있을까 하는 생각을 많이 한다. 그리고 리빙랩 활동이 끝나고 나면 대부분의 경우 이보다 더 큰 도전도 가능하지 않을까 하는 생각을 하게 된다. 리빙랩 활동 과정에서 사람들은 보통 자기 자신에게 가장 절실한 문제를 제기하기도 한다. 예를 들어 어떤 사람은 자신은 전형적인 경력단절 여성이며, 이 문제를 해결하고 싶다고 했다. 이 문제는 그 사람 개인의 문제일 수도 있지만 공동체의 문제일 수도 있다. 그리고 이런 경우 문제의 해결과정에서 기혼여성의 새로운 고용기회 창출을 모색하는 전략 혹은 기혼여성들의 육아 돌봄 문제를 해결함으로써 고용가능성을 높이는 우회전략 등 리빙랩 참여자들의 지혜가 필요하다. 이러다 보면 종종 주민들이 리빙랩 참여자들에게 의존하는 경우도 생긴다. 이들은 정부에 의존적인 '해주세요'와 같은 태도가 리빙랩의 본질과 맞지 않는다는 것을 이해하면서도 막상 활동 중에 리빙랩 참여자들에게 '해주세요'라고 말하는 경우도 많다. 이럴 때도 리빙립 참여자들의 적절한 조절이 필요하다.

우리는 서론에서 리빙랩 활동에 있어서 지역의 문제에 대한 관심과 공감능력의 중요성을 강조했다. 그리고 리빙랩 활동을 통해 공감능력을 향상시킬 수 있음을 언급했다. 이것은 공동체를 더욱 포용적이고 평등하게 만드는 데 필요한 중요한 덕목 중 하나일 것이다. 그러나 사람마다 공감능력에는 차이가 있다. 모든 사람이 높은 수준의 공감능력을 가지는 것은 아니기 때문에 이 차이를 인정하는 것도 필요하다. 또한 공감능력의 차이를 정치적 입장이나 이념으로 환원하는 것도 경계해야 한다. 자본주의와 자유민주주의하에서는 타인과 공동체에 대한 공감보다는 개인의 자유가 더 중요하다는 식의 논리가 정치적 보수주의 이념으로 둔갑하기도 한다. 목숨을 걸고 단식농성을 하고 있는 사람 앞에서 폭식을 하는 식의 퍼포먼스는 보수도 아니고, 자유도 아니고 무지에서 나온 폭력일 뿐이다. 이러한 폭력이 앞서 말한 양극화된 정치적 환경 속에서 그들에게 돈과 권력을 가져다줄 수는 있지만, 사회를 병들게 하고 정치에 대한 무관심과 회의를 증폭시켜 결국 모두의 삶의 질을 저하시킨다.

이 책에서 정치학자인 우리는 정치학의 관점에서 리빙랩을 분석해보았다. 그러나 위에서 언급한 바와 같이 이는 여러 접근 중 하나일 뿐이다. 우리는 독자들이 이 관점에 얽매이지 말 것을 당부한다. 리빙랩은 만병통치약도 아니고, 기존 정치를 대체할 새로운 모델이 되기보다는 기존 정치의 단점을 보완하는 역할을 할 수 있을 뿐이다. 그것도 많은 조건하에서 그렇게 될 것이다. 우리는 이 책이 독자들이 리빙랩의 효용에 대해 생각해보고, 내가 속한 지역에는 어떤 문제가 있는지, 그리고 그 문제가 어떤 기술이나 아이디어를 통해 해결할 수 있을지를 고민하는 계기가 되기를 희망한다.

국내 문헌

마강래. 2018. 『지방분권이 지방을 망친다』. 고양: 개마고원.

모종린. 2017. 『골목길 자본론: 사람과 돈이 모이는 도시는 어떻게 디자인되는가』. 파주: 다산3.0.

원주지속가능발전협의회. 2021. 『지역사회 기반 시민참여형 미세먼지 사회문제 해결단 리빙랩 보고서』.

이 저서는 2017년 대한민국 교육부와 한국연구재단의
한국사회과학연구(NRF-2017S1A3A2066657)의 지원을 받아 수행한 연구임.

정치연구총서 **02**

우리 동네가 실험실이 된다면?
: 리빙랩과 사회적 혁신

제1판 1쇄   2023년 9월 15일

지은이   신상범, 조계원
펴낸이   장세린
편집   배성분, 박을진
디자인   얼앤똘비악

펴낸곳   (주)버니온더문
등록   2019년 10월 4일(제2020-000051호)
주소   서울특별시 용산구 청파로93길 47
홈페이지   http://bunnyonthemoon.kr
SNS   https://www.instagram.com/bunny201910/
전화   010-3747-0594 팩스 050-5091-0594
이메일   bunny201910@gmail.com

ISBN   979-11-980477-5-5 (94340)
ISBN   979-11-980477-3-1 (세트)

책값은 뒤표지에 있습니다.
파본은 구입하신 서점에서 교환해드립니다.